특허받은

영어
리딩
비법

KB190162

특 허 증
CERTIFICATE OF PATENT

특 허 제 10-0846566 호
(PATENT NUMBER)

출원번호 (APPLICATION NUMBER) 제 2006-0094021 호

출원일 (FILING DATE:YY/MM/DD) 2006년 09월 27일

등록일 (REGISTRATION DATE:YY/MM/DD) 2008년 07월 09일

발명의명칭 (TITLE OF THE INVENTION)

단어/문장의 중량을 통한 영어문장 작성 시스템 및 방법

특허권자 (PATENTEE)

한동오

서울 양천구 목4동 790-4 삼보하이츠 401호

발명자 (INVENTOR)

한동오

서울 양천구 목4동 790-4 삼보하이츠 401호

위의 발명은 「특허법」에 의하여 특허등록원부에 등록
되었음을 증명합니다.

(THIS IS TO CERTIFY THAT THE PATENT IS REGISTERED ON THE REGISTER OF THE KOREAN
INTELLECTUAL PROPERTY OFFICE.)

2008년 07월 09일

특 허 청

COMMISSIONER, THE KOREAN INTELLECTUAL PROPERTY OFFICE

특허 받은 영어 리딩 비법

2012년 5월 1일 인쇄
2012년 5월 7일 발행

지은이 한동오
발행인 조상현
발행처 (주)위아북스

주소 서울시 마포구 공덕동 풍림빌딩 304호
문의 02-725-9988 팩스 02-725-9863
등록번호 제300-2007-164호
홈페이지 www.wearebooks.co.kr

ISBN 978-89-6614-016-9 63740

값 13,500원

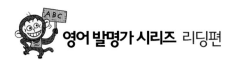

영어 발명가 시리즈 **리딩편**

특허 받은
영어 리딩 비법

영어 발명가 한동오 지음
Sarah Sharifi 감수

We're
위아북스

왜 단어를 알아도 해석이 되지 않을까요?

먼저 아래 문장을 해석해 보세요.

> ## My mother Mary met is pretty nice.

▶ **혹시 이렇게 했나요?** 나의 엄마가 만난 메리는 예쁘고 좋다??
▶ **무엇이 문제인가요?** 단어는 어렵지 않은데 도대체 해석이 잘 안 돼요!

많은 학생들이 무엇부터 또 어떻게 해석해야 하는지 잘 모르죠.
사실 이 문장 구조는 아래 그림처럼 생긴 거예요.

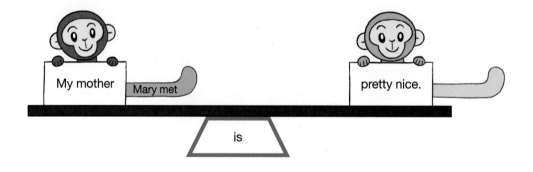

　이렇게 문장을 재미있는 그림과 함께 구분해 놓으니까 해석하기가 훨씬 쉬워졌지요.
　맨 왼쪽에 있는 것, 즉 '엄마(My mother)'가 주인공이에요. 그리고 꼬리를 해석하면 '메리가 만났던(Mary met)'이 됩니다. 그러니까 '메리가 만났던 엄마'가 되지요. 그리고 오른쪽에 있는 것은 주어를 설명해 주는 말이에요. 여기서 pretty는 '예쁜'이라는 뜻이 아니고 '매우'라는 뜻이에요.
　따라서 '메리가 만났던 우리 엄마는 매우 좋은 분이다'가 돼요.

　이 책에 수록된 문장들은 선생님이 현장에서 수많은 학생들에게 직접 해석시켜 본 문장들 중에서 뽑아놓은 것들입니다. 학생들이 공통적으로 어려워하는 문장들을 모아서 정리해 놓았어요. 그래서 이 책을 모두 읽으면 학생들이 어려워하는 문장을 모두 정복할 수가 있어요.

영어단어는 무조건 암기해야 하나요?

영어식 사고를 할 수 있으면 무조건 암기하지 않아도 영어단어의 뜻을 자연스럽게 떠올릴 수 있어요. 영어단어를 무조건 암기해서 뜻을 아는 것이 아니라 이미지를 이용해서 단어의 의미를 유추하는 겁니다.

예를 들면 turn이라는 단어를 ①돌다, ②변하다…, 하는 식으로 암기하는 것이 아니라 아래처럼 이미지로 이해하면 turn이 갖고 있는 여러 가지 의미를 훨씬 쉽게 유추할 수 있게 된답니다. 이것이 바로 영어식 사고를 배울 수 있는 좋은 방법이기도 하고요.

영어 독해집이나 스토리 북은 어려워서 읽기 싫다고요. 그렇다면 먼저 이 책을 보세요.

무조건 읽으라는 영어책에 지친 여러분, 이 책을 읽으면 해석하는 방법을 바로 터득하게 됩니다. 어려워 보이던 문장이 훨씬 쉽게 그리고 매끄럽게 해석이 될 거예요.

이 책은 선생님이 '저울을 통해 아주 쉽게 영어 문장 구조를 이해할 수 있도록 개발'한 〈특허 학습법(특허 제 10-0846566 : 단어/문장의 중량을 통한 영어문장 작성 시스템 및 방법)〉을 응용해서 만들었습니다. 영어 해석을 어려워하는 모든 이들에게 이 책이 정말 가치 있는 지침서가 되기를 바랍니다.

영어 발명가 한동오

이 책을 가지고 공부하는 방법

이 책은 앞에서부터 차근차근 읽어 나가도 되고, 문장을 보면서 해석이 잘 안 되는 부분만 골라서 읽어도 좋아요.
영어 학습 수준이 누구나 동일할 수는 없죠. 따라서 같은 내용이라도 각자의 수준과 타입에 맞춰 방법을 달리해 주는 것이
효과적입니다. 아래에서 본인이 속하는 타입을 택해 그 타입에서 제시하는 순서대로 공부해 보세요. 공부가 훨씬 쉬워질 거예요.

TYPE 1

나는 아주 기초도 몰라요.

〈머리말〉, 〈이것만은 알고 가자〉를 꼭 읽으세요.
〈독해비법〉을 보면서 문제도 꼭 풀어보세요.
그리고 나서 본문 〈SECRET〉에 수록된 문장을 읽고,
그 밑에 있는 설명도 쭉 읽어 내려가세요.
〈EXERCISE〉의 문제는 1단계만 풀고, 책을 다시 볼 때 2단계를 푸세요.
이때 〈REVIEW(복습 문제)〉는 생략하세요.

TYPE 2

나는 쉬운 문장은 해석이 되는데,
좀 복잡하면 잘 안 돼요.

〈독해 비법〉부터 보셔도 돼요. 물론, 문제도 꼭 풀어보고요.
그리고 나서 본문 〈SECRET〉에 수록된 문장을 해석해 보세요. 본인의 해석이
〈혹시 이렇게 했나요?〉와 비슷하면 내용을 꼼꼼히 읽어 봐야 해요.
〈EXERCISE〉의 문제는 1, 2, 3단계를 모두 풀고 정답을 자세히 확인하세요.
〈REVIEW〉의 문제도 모두 다 풀어야해요.

TYPE 3

나는 독해를 잘 하는 편인데요,
완벽하지는 않아요.

먼저 〈독해 비법〉을 검토해 보세요. 그리고 나서 본문 〈SECRET〉에
수록된 문장 중에서 해석이 잘 안 되는 부분만 골라 꼼꼼히 공부하세요.
〈EXERCISE〉의 문제는 해석이 안 되는 문장이 있는 곳만 집중해서 풀고,
〈REVIEW〉 문제 중 NEAT 문제를 반드시 풀어보세요.

이 책을 보기 전에 이것만은 알고 가자!

단어를 알아도 영어 해석이 잘 안 된다고요?
지금부터 제 이야기를 잘 듣고
이 책을 차근차근 읽다 보면
여러분도 영어 해석의 달인이 될 수 있어요.
이 책을 보기 전에 딱 이것만 알아두세요.

명사란? '사람이나 사물의 이름'이에요.
책상, 책, 민희, 해, 지구, 물, 꽃병, 자동차,
로봇, 공 등이 모두 명사예요.

동사란? '행동을 나타내는 말'이에요. run(뛰다), go(가다),
play(놀다), talk(말하다), give(주다) 이런 것이 다 동사예요.
또 '생각의 움직임을 나타내는 말'도 동사예요. 그러니까
like(좋아하다), know(알다) 같은 말도 동사예요.

형용사란? '명사를 꾸며주는 말'이에요.
예를 들어 big book(큰 책)에서 big(큰)은 명사인 book을 꾸며주는 형용사예요.
good(좋은), new(새로운), cold(추운) 등도 명사를 꾸며주는 형용사예요.

영어 문장이 어렵다고요? 지금부터
선생님이 만든 〈특허 학습법〉을 잘 들어보세요.
저울 위에 원숭이를 올려놓는다고 생각하면
영어 문장이 쉬워져요. 이렇게 말이에요.

명사 - 주어 　　명사를 꾸며주는 말

명사 또는 형용사 　　명사 또는 형용사를 꾸며주는 말

동사

왼쪽에 있는 빨간 원숭이 몸에는
명사가 들어가요. 그것이 주어예요.
빨간 원숭이 꼬리는 주어를 꾸며주는 말이고요.
그리고 저울 가운데 있는 받침대는 동사예요.

오른쪽에 있는 노란 원숭이 몸에는
명사나 형용사가 들어가요. 물론,
아무 것도 안 들어가는 경우도 있어요.
노란 원숭이 꼬리는 노란 원숭이의 몸통을 꾸며줘요.
노란 원숭이 몸통에 아무것도 없으면 뭘 꾸며주냐고요?
그럴 때는 바로 앞의 동사를 꾸며주죠.

자, 그럼 이 책에 등장하는 캐릭터를 소개해 볼게요.

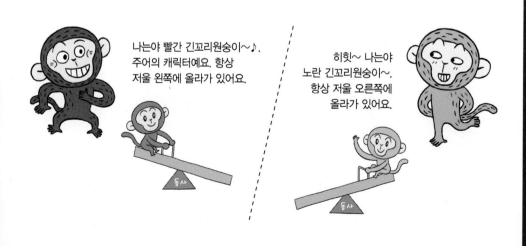

나는야 빨간 긴꼬리원숭이~♪.
주어의 캐릭터예요. 항상
저울 왼쪽에 올라가 있어요.

히힛~ 나는야
노란 긴꼬리원숭이~.
항상 저울 오른쪽에
올라가 있어요.

영어 문장에서는 이렇게 표시하세요.

- **주어는** 문장의 처음에 나오는 문장의 주인공이에요.
  이 책에서는 ◯로 표시하세요. **빨간 원숭이의 몸에** 해당하죠.

- **동사는** 주어 뒤에 나오는 말로 주어의 행동을 나타내요.
  이 책에서는 △로 표시하세요. **저울의 받침대에** 해당하죠.

- **꾸며주는 말은** ( )로 표시하세요. 원숭이의 꼬리에 해당하죠.
  꾸며주는 말에 대한 설명은 본문에 자세히 나옵니다.

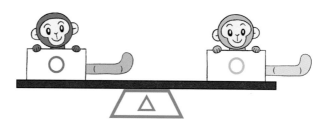

◀◀ 특허 학습법의 **기초 해석법** ▶▶

주어	동사	
~은, ~는	~하다, ~이다	~을/를

◯, △ 다음에 나오는 단어에는 ~을/를 붙이거나, 그냥 단어 뜻만 말하면 돼요.

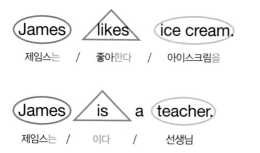

James / likes / ice cream.
제임스는 / 좋아한다 / 아이스크림을

James / is / a teacher.
제임스는 / 이다 / 선생님

CONTENTS

- 머리말 _ 왜 단어를 알아도 해석이 되지 않을까요? | 4
- 이 책을 가지고 공부하는 방법 | 6
- 이 책을 보기 전에 이것만은 알고 가자 | 7
- **INTRO** 영어문장이 어렵다고? 독해 비법 7개만 익혀라! | 15

PART 1
주어가 왜 이리 길어?
핵심주어를 찾아라!

SECRET 01   핵심주어 + 전치사 | 28
SECRET 02   핵심주어 + -ing | 30
SECRET 03   핵심주어 + -ed | 32
SECRET 04   핵심주어 + to | 34
SECRET 05   핵심주어 + 형용사 | 36
SECRET 06   핵심주어 + who | 38
SECRET 07   핵심주어 + where | 40
SECRET 08   핵심주어 + '주어 + 동사' | 42
SECRET 09   핵심주어 + 콤마(,) | 44
SECRET 10   핵심주어 + that(동격) | 46

REVIEW 1 | 48
REVIEW 2 | 50

PART 2

주어가 왜 이렇게 생겼어?
모양이 다른 주어를 찾아라!

SECRET 11   -ing로 시작하는 주어 | 54
SECRET 12   Wh-로 시작하는 주어 | 56
SECRET 13   One of …로 시작하는 주어 | 58
SECRET 14   No로 시작하는 주어 | 60
SECRET 15   주어가 안 보이는 문장 | 62
SECRET 16   Those로 시작하는 주어 | 64
SECRET 17   Both로 시작하는 주어 | 66
SECRET 18   It으로 시작하는 주어 I | 68
SECRET 19   It으로 시작하는 주어 II | 70
SECRET 20   There로 시작하는 주어 | 72

REVIEW 3 | 74
REVIEW 4 | 76

PART 3

도대체 어디가 주어야?
콤마를 찾아라!

SECRET 21   To로 시작하는 문장 I | 80
SECRET 22   To로 시작하는 문장 II | 82
SECRET 23   When으로 시작하는 문장 | 84
SECRET 24   While로 시작하는 문장 | 86
SECRET 25   Though로 시작하는 문장 | 88
SECRET 26   As로 시작하는 문장 | 90

SECRET 27   If로 시작하는 문장 | 92

SECRET 28   -ever로 시작하는 문장 | 94

SECRET 29   -ing로 시작하는 문장 | 96

SECRET 30   -ed로 시작하는 문장 | 98

REVIEW 5 | 100
REVIEW 6 | 102

PART 4

도대체 뭐가 동사야?
진짜 동사를 찾아라!

SECRET 31   동사와 to + 동사 | 106

SECRET 32   동사와 동사 + ing | 108

SECRET 33   동사와 -ed | 110

SECRET 34   be + -ing와 -ing | 112

SECRET 35   be + p.p.와 p.p. | 114

SECRET 36   have + p.p.와 p.p. | 116

SECRET 37   조동사와 동사 I | 118

SECRET 38   조동사와 동사 II | 120

SECRET 39   명사? 동사? | 122

SECRET 40   동사가 두 개 | 124

REVIEW 7 | 126
REVIEW 8 | 128

PART 5

아는 단어인데 해석이 안 되네?
동사의 진짜 뜻을 찾아라!

SECRET 41   have는 가지다? | 132

SECRET 42   get은 얻다? | 134

SECRET 43   take는 가져오다? | 136

SECRET 44   go는 가다? | 138

SECRET 45   come은 오다? | 140

SECRET 46   make는 만들다? | 142

SECRET 47   break는 깨다? | 144

SECRET 48   bring은 가져오다? | 146

SECRET 49   work는 일하다? | 148

SECRET 50   turn은 돌다? | 150

REVIEW 9 | 152

REVIEW 10 | 154

PART 6

이건 만날 헷갈려!
확실한 뜻을 찾아라!

SECRET 51   most / the most / almost | 158

SECRET 52   few / a few / little / a little | 160

SECRET 53   though / through / thorough / although | 162

SECRET 54   with / within / without | 164

SECRET 55   in / into / inside / inner | 166

SECRET 56   out / out of / outside / outer | 168

SECRET 57   other / others / the other / the others / another | 170

SECRET 58   late / lately / later / latter | 172

SECRET 59   lie / lay / lying / laying | 174

SECRET 60   rise / rose / raise / arise | 176

REVIEW 11 | 178

REVIEW 12 | 180

• 정답 및 해설 | 183

INTRO

영어문장이 어렵다고?
독해 비법 7개만 익혀라!

왼쪽 저울에 올려놓는 빨간 원숭이는 주어예요. ○로 표시하지요.

저울 가운데에 있는 받침대는 동사예요. △로 표시하지요.

오른쪽에 올려놓는 노란 원숭이는 명사나 형용사예요.

저울 양쪽에 원숭이를 올려보세요.

● **다음에서 지시하는 순서대로 쓰고, 완전한 영어 문장을 만드세요.**

1. ① 빨간 원숭이 몸에 명사를 적으세요. ② 노란 원숭이 몸에 명사를 적으세요. ③ 영어 문장을 완성하세요.

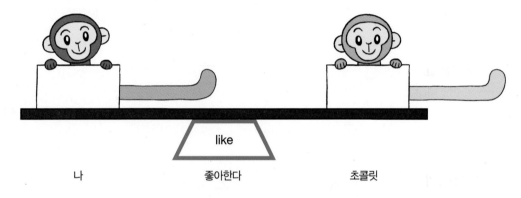

나   좋아한다   초콜릿

_____

2. ① 빨간 원숭이 몸에 형용사와 명사를 적으세요. ② 노란 원숭이 몸에 형용사와 명사를 적으세요.
③ 영어 문장을 완성하세요.

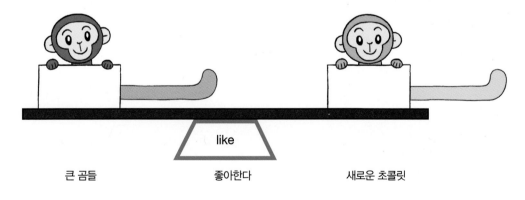

큰 곰들   좋아한다   새로운 초콜릿

_____

정답   1. I / chocolate. → I like chocolate.
        2. Big bears / new chocolate. → Big bears like new chocolate.

독해 비법 **2** | 저울 왼쪽에는 '은, 는, 이, 가'를, 오른쪽에는 '을, 를'을 붙여라!

저울의 왼쪽 단어(주어, ○)에는 '은, 는, 이, 가'를 붙여야 해요. 만약에 주어가 I(나)면 '나는' 이 되고, notebook(공책)이면 '공책은'이라고 하면 돼요.

저울의 오른쪽 단어에는 '을, 를'을 붙여요. 오른쪽의 단어가 chocolate(초콜릿)이면 '초콜릿을'이라고 하면 되고, apple(사과)이면 '사과를'이라고 하면 돼요.

여기서 잠깐! 받침대(동사, △)가 be동사인 경우에는 오른쪽 단어에 '~다'를 붙이면 돼요. 예를 들어볼까요?

He is a doctor.
그는 / 이다 / 의사 → 그는 의사이다.

The cat is pretty.
그 고양이는 / 이다 / 예쁜 → 그 고양이는 예쁘다.

be동사는 am, are, is, was, were로 주어에 따라 또 시간이 현재인지 과거인지 혹은 미래인지에 따라서 모양이 바뀌어요.

● **다음 문장을 보기와 같이 ○, △를 표시하고 해석하세요.**

[보기]

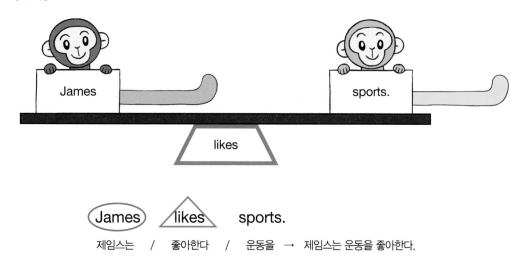

James likes sports.
제임스는 / 좋아한다 / 운동을 → 제임스는 운동을 좋아한다.

1. He has many books.

2. The winner is my cousin.

_____

3. The library is very big.

_____

4. I study English.

_____

 **독해 비법 3** 〈전치사 + 명사〉에 ( )를 쳐라!

빨간 원숭이에 꼬리가 달려 있네요. 꼬리는 앞에 있는 명사를 꾸며준답니다.
전치사란 in, at, for, on, of, from 등을 가리켜요.
원숭이의 꼬리는 〈전치사 + 명사(혹은 -ing)〉의 형태로 되어, 앞의 명사를 꾸며주는 말이
됩니다. 오른쪽 원숭이에게도 전치사 꼬리가 붙을 수 있어요. 꾸며주는 말은 ( )으로 표
시합니다.

● 다음 문장에서 전치사로 시작하는 꼬리에 ( ) 하세요.

1.

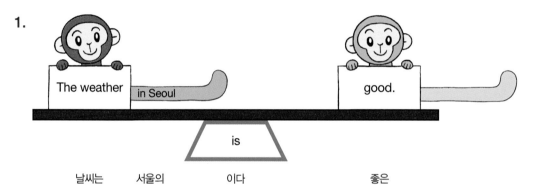

The weather in Seoul is good.

2.

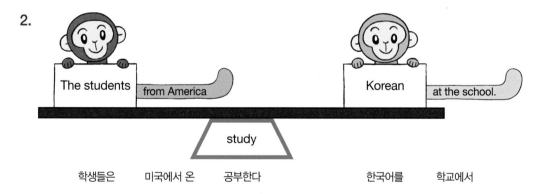

The students from America study Korean at the school.

정답 1. The weather (in Seoul) is good. 서울의 날씨는 좋다.
      2. The students (from America) study Korean (at the school). 미국에서 온 학생들은 학교에서 한국어를 공부한다.

핵심주어란 영어문장에서 가장 중요한 주어를 가리키는 말이에요. 아래 저울을 보세요. 문장의 맨 앞에 있는 핵심주어에만 ○가 되어 있고, 동사(△) 전까지는 ( )가 쳐져 있어요.

이처럼 맨 앞에 있는 핵심주어 다음에 무엇이 나오든지 동사 앞까지 ( ) 하세요.

● 다음 문장에서 핵심주어에는 ○ , 꾸며주는 말에는 ( ) 하세요.

1.

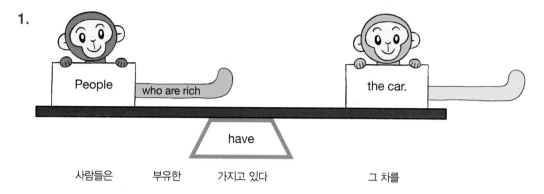

사람들은   부유한   가지고 있다   그 차를

People who are rich have the car.

2.

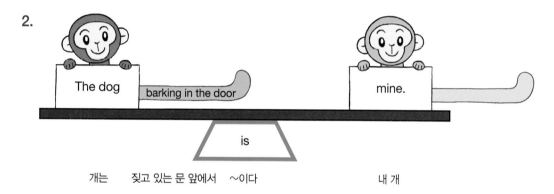

개는   짖고 있는 문 앞에서   ～이다   내 개

The dog barking in the door is mine.

3.

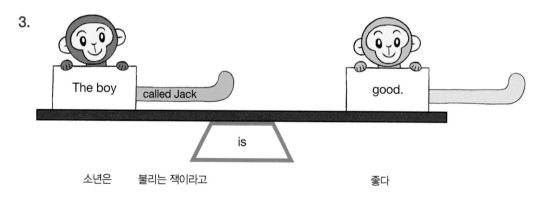

소년은   불리는 잭이라고   좋다

The boy called Jack is good.

정답   1. People (who are rich) have the car. 부유한 사람들은 그 차를 가지고 있다.

2. The dog (barking in the door) is mine. 문 앞에서 짖고 있는 개는 내 개다.

3. The boy (called Jack) is good. 잭이라고 불리는 소년은 좋다.

독해 비법 5 | 문장 중간에 ',(콤마)'가 나오면 바로 다음에 나오는 것이 진짜 주어다!

문장이 계속 나오다가 중간에 ,(콤마)가 나오면, 거기까지가 꾸며주는 말이에요. 그리고 바로 이어서 나오는 것이 진짜 주어고요.

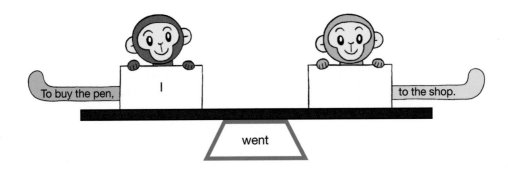

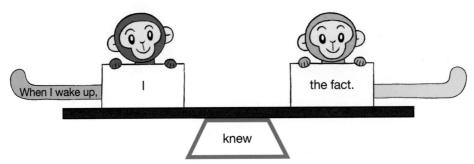

● 다음 문장에서 꾸며주는 말에는 ( ), 핵심주어에 ○ 하세요.

1. As he is busy, he can't come to my house.

2. While I went to America, he stayed at my apartment.

3. When I am at school, I am usually sleepy.

정답 1. (As he is busy,) ⓗⓔ can't come to my house.
2. (While I went to America,) ⓗⓔ stayed at my apartment.
3. (When I am at school,) ⓘ am usually sleepy.

22

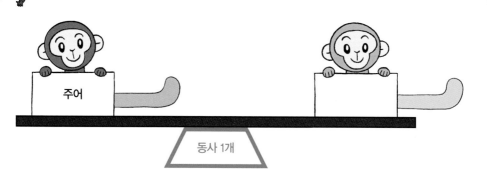

동사 앞에 to가 붙는다든지, 동사 뒤에 -ing가 붙어 있으면 그건 동사가 아니에요.

I like the sleeping baby. 나는 좋아한다 그 잠자는 아이를.
　　　　　동사 아님

I like to swim. 나는 좋아한다 수영하는 것을.
　　　　동사 아님

문장에 과거형 동사처럼 보이는 것이 2개 있으면 그중 하나가 그 앞에 있는 명사를 꾸며 주는 것은 아닌지 잘 살펴봐야 해요. 만약 명사를 꾸며주고 있으면 그건 동사가 아니에 요.

The girl called Mary liked the cat. 메리라고 불리는 그 소녀는 그 고양이를 좋아했었다.
　　　　　동사 아님　　　　동사

● **다음 문장에서 진짜 동사를 찾아 △를 표시하세요.**

1. She always like to eat pizza.

2. I study hard to go to the college.

3. The car made by the company has quality.

4. The teacher talking to students is my mother.

정답　1. She always △like△ to eat pizza.
　　　2. I △study△ hard to go to the college.
　　　3. The car made by the company △has△ quality.
　　　4. The teacher talking to students △is△ my mother.

독해 비법 **7** | **동사를 이미지로 생각하라!**

쉬운 단어도 각각의 상황에 따라 조금씩 다른 의미로 변해요. 그래서 정확한 뜻을 이미지로 기억하면 여러 가지 뜻을 유추하는 데 큰 도움이 돼요.

come ➡ 지정된 곳으로 가까이 움직이다

go ➡ 나에게 멀어져 지정된 곳으로 움직이다

have ➡ 가지고 있다(정지)

get ➡ 갖게 되다(움직임)

take ➡ 강제로 빼앗다(움직임)

24

make →

꼼지락 꼼지락 움직여서 → 결과

break →

원래 상태 → 바뀐 상태

turn →

돌아서 → 변한다

work →

고치려고 일한다 → 효과가 있다

25

PART 1

주어가 왜 이리 길어?
핵심주어를 찾아라!

SECRET 01 핵심주어 + 전치사

● 아래 문장을 해석해 보세요.

> ### The queen in a white dress looks good.

▶ **혹시 이렇게 했나요?** 여왕 안에 하얀 드레스가 좋은 것을 본다??

▶ **무엇이 문제인가요?** 그냥 앞에서부터 해석하면 안 돼요!

저울에
원숭이를
올려봐요.

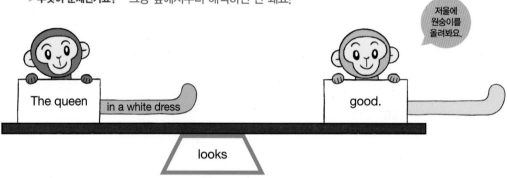

문제점 ▶ 주어와 전치사 in을 같이 묶어서 해석했네요.

The queen in a white dress looks good. (×)

맨 앞에 있는 주어에만 동그라미 하세요. 이것이 핵심주어예요.
전치사 in은 뒤에 있는 말과 함께 괄호 치세요. 동사 전까지요. 괄호
안에 있는 말은 앞에 있는 핵심주어를 꾸며주는 말이에요.

The queen (in a white dress) looks good. (○)
하얀 드레스를 입은

● in을 '안'이라고 해
석했어요. 전치사 in은
다음에 옷이 나오면
'~을 입은'이라고 해
석해야 해요.

● look을 '보다'라고 해
석했네요. 이 경우에
look은 '보이다'로 해
석해야 해요.

● 다시 해석해 볼까요?

> ### The queen (in a white dress) looks good.
> (하얀 드레스를 입은) 그 여왕은 좋아 보인다.

EXERCISE ❶

[1단계] 핵심주어에는 ○, 전치사로 시작하는 꾸밈말에는 ( ) 하세요.

1 Countries in Africa are usually hot.

2 The flies on the ceiling stay calm.

3 The weather in Siberia is very cold.

4 Three of ten lost the money.

1 **usually** 보통
2 **ceiling** 천장

[2단계] 명사와 전치사에 주의하면서 해석해 보세요.

5 The balls in the box look good.

_____

6 The woman in the yellow hat is very beautiful.

_____

7 The winner of the sport was my cousin.

_____

8 People from around the world helped the poor.

_____

9 The library near my house is very big.

_____

10 That is the chocolate from Japan.

_____

11 She is the smartest girl in her classroom.

_____

7 **cousin** 사촌
8 **the poor** 가난한 사람들
10 ⤶ from Japan
11 ⤶ in her classroom

[3단계] 다음 문장을 영어로 바꿔 보세요.

12 그 여왕은 (하얀 드레스를 입은) / 보인다 / 좋아

_____

29

SECRET 02 핵심주어 + -ing

● 아래 문장을 해석해 보세요.

The girl reading the book goes to the school.

▶ **혹시 이렇게 했나요?** 소녀가 책을 읽고 있고 학교에 가고 있다??
▶ **무엇이 문제인가요?** reading을 '읽고 있다'라고 해석하면 안 돼요!

저울에 원숭이를 올려봐요.

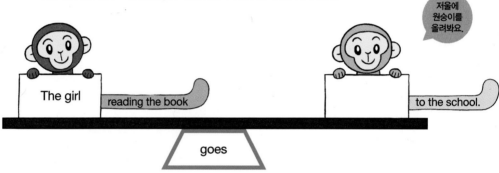

문제점 ▶ The girl을 주어로, reading을 동사처럼 해석했네요.

The girl reading the book goes to the school. (×)

reading은 동사가 아니에요.
reading은 뒤에 있는 말과 함께 괄호 치세요. 동사 전까지요.
핵심주어 바로 뒤에 나오는 -ing는 앞에 있는 핵심주어를 꾸며주는 말이에요.

The girl (reading the book) goes to the school. (○)
책을 읽고 있는

● goes를 '가고 있다'라고 해석했네요. goes는 그냥 '~에 다닌다'라고 해석해야 돼요. 즉 지금 가고 있는 것이 아니라 정기적으로 가는 거죠. (SECRET 44를 참고하세요.)

● 다시 해석해 볼까요?

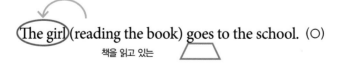

The girl (reading the book) goes to the school.
(책을 읽고 있는) 그 소녀는 그 학교에 다닌다.

EXERCISE ❷

[1단계]   핵심주어에는 ◯ , -ing로 시작하는 꾸밈말에는 ( ) 하세요.

1   The man driving the red car is my father.

2   A man having brilliant skills can do any work.

3   The dog barking is my dog.

4   The teacher showing the graph is my math teacher.

2   **brilliant** 뛰어난

3   **bark** 짖다

[2단계]   명사와 -ing로 시작하는 꾸며주는 말에 주의하면서 해석해 보세요.

5   Some students studying Chinese go to our school.

_____

6   The boy sitting on the chair and I went to same school.

_____

7   The boy staying in Ben's home came to my house.

_____

8   The girl eating next to Jane is my cousin.

_____

9   The boy running in the playground is my friend.

_____

10 I know the students studying Spanish.

_____

11 My cousin likes the girl reading the book.

_____

10 ⤵ studying
   Spanish

11 ⤵ reading the
   book

[3단계]   다음 문장을 영어로 바꿔 보세요.

12 그 소녀는 (책을 읽고 있는) / 다닌다 / 그 학교에

_____

SECRET 03 핵심주어 + -ed

● 아래 문장을 해석해 보세요.

The woman, called Mary, called the baby Mark.

▶ **혹시 이렇게 했나요?** 그 여자는 메리를 불렀고 메리는 아기 마크라고 불렀다??

▶ **무엇이 문제인가요?** called를 무조건 '불렀다'라고 해석하면 안 돼요.

> 저울에 원숭이를 올려봐요.

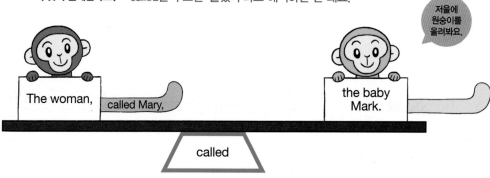

The woman, | called Mary, | the baby Mark. | called

문제점 ▶ 생김새가 같다고 called를 둘 다 동사 '불렀다'로 해석했네요.

핵심주어 바로 다음에 나오는 -ed가 항상 동사인 것은 아니에요.

The woman, called Mary, called the baby Mark. (×)

동사가 두 번 나오는 것처럼 보이면 뒤에 있는 것이 동사인 경우가 많아요. -ed로 끝나는 말을 뒤에 있는 말과 함께 괄호 치세요. 동사 전까지요. 괄호 안의 -ed로 끝나는 말은 앞에 있는 핵심주어를 꾸며주는 말이에요.

The woman, (called Mary), called the baby Mark. (O)
메리라고 불리는

> ● 앞의 called처럼 -ed로 끝나는 말이 꾸며주는 말일 때는 '부르다'가 아니라 '불리다'로 해석해야 해요. 그래서 called Mary는 '메리라고 불리는'이에요.
>
> ● the baby Mark를 '아기 마크'라고 해석했네요. call이라는 동사 다음에 명사가 나란히 이어지면 '~를 …로 부르다'라고 해석해요.

● 다시 해석해 볼까요?

The woman, (called Mary), called the baby Mark.
(메리라고 불리는) 그 여자는 그 아기를 마크라고 불렀다.

EXERCISE ❸

[1단계] 핵심주어에는 ○ , -ed 등으로 끝나는 꾸밈말에는 ( ) 하세요.

1 The woman surprised by the news is my mother.

2 The pen made in Korea has good quality.

3 The novel written by James is very interesting.

4 The bridge broken in the accident was a new one.

2 **quality** 품질
4 **accident** 사고

[2단계] -ed 등으로 끝나는 꾸밈말에 주의하면서 해석해 보세요.

5 The boy called Jack called her Sarah.

_____

6 The students invited to the party called him Mr. Han.

_____

7 The teacher called Peter will leave here.

_____

8 The book stolen yesterday was mine.

_____

9 The tool used by the man was an old one.

_____

10 That is the book written by my teacher.

_____

11 My mom met the girl called Betty.

_____

6 **invite** 초대하다
7 **leave** 떠나다
8 **stolen** steal(훔치다)의
   과거분사형(p. 210 참조)
10 ⤵ written by my
   teacher
11 ⤵ called Betty

[3단계] 다음 문장을 영어로 바꿔 보세요.

12 그 여자는 (메리라고 불리는) / 불렀다 / 그 아기를 마크라고

_____

SECRET 04 핵심주어 + to

● 아래 문장을 해석해 보세요.

> ### His dream to be a doctor was clear.

▶ **혹시 이렇게 했나요?** 그의 꿈은 의사가 되는 것이고 깨끗했다??

▶ **무엇이 문제인가요?** to be를 '~이 된다'라고 해석했네요.

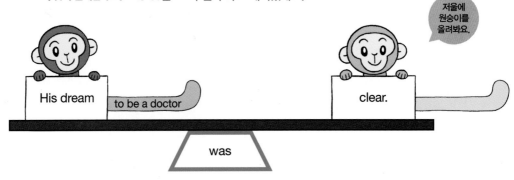

저울에 원숭이를 올려봐요.

문제점 ▶ 핵심주어 바로 다음에 나오는 to…를 동사처럼 해석하면 안 돼요.

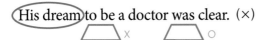

His dream to be a doctor was clear. (×)

to를 뒤에 있는 말과 함께 괄호를 치세요. 동사 전까지요. 핵심주어 다음에 오는 to로 시작하는 말은 앞에 있는 핵심주어를 꾸며주는 말이에요.

His dream (to be a doctor) was clear. (○)
의사가 되려는

● clear를 '깨끗한'으로 해석했네요. clear는 '명확한'이라고 해석해야 돼요. '깨끗한'은 clean이지요. 헷갈리면 안 돼요.

● 다시 해석해 볼까요?

> ### His dream (to be a doctor) was clear.
> (의사가 되려는) 그의 꿈은 명확했다.

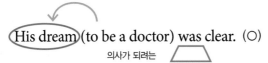

EXERCISE ❹

[1단계] 핵심주어에는 ○, to로 시작하는 꾸밈말에는 ( ) 하세요.

1 The plan to save money will succeed.

2 The way to learn English is simple.

3 The plan to stop killing animals was very brave.

4 Her dream to become a singer was not changed.

1 **save** 모으다
3 **brave** 용감한
4 **change** 변하다

[2단계] 명사와 to로 시작하는 꾸밈말에 주의하면서 해석해 보세요.

5 The books to read were on the clean shelf.

_____

6 The thing to remember was very clear.

_____

7 My thought to leave here changed.

_____

8 The homework to do is too much.

_____

9 My plan to go to the university is clear.

_____

10 I have a plan to be a scientist someday.

_____

11 She is the first woman to become president of the country.

_____

5 **shelf** 책꽂이
6 **remember** 기억하다
7 **thought** 생각
9 **university** 대학교
10 a plan
    ⌐ to be a scientist someday
11 the first woman
    ⌐ to become president of the country

[3단계] 다음 문장을 영어로 바꿔 보세요.

12 그의 꿈은 (의사가 되려는) / 명확했다

_____

35

SECRET 05 핵심주어 + 형용사

● 아래 문장을 해석해 보세요.

> **The baskets full of candies were everywhere.**

> ▶ **혹시 이렇게 했나요?** 바구니가 가득 차 있었고 사탕들이 어디에나 있다.
> ▶ **무엇이 문제인가요?** 핵심주어가 '사탕'인가요, '바구니'인가요?

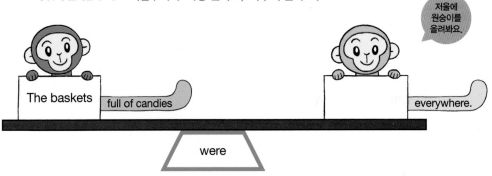

> 저울에 원숭이를 올려봐요.

문제점 ▶ 핵심주어를 정확히 찾지 않고 그냥 앞에서부터 해석하면 안 돼요.

The baskets full of (candies) were everywhere. (×)

핵심주어는 맨 앞에 있는 명사뿐이라는 걸 절대 잊지 마세요. 그리고 full부터 동사 전까지 괄호 치세요. 이것 역시 뒤에서 핵심주어를 꾸며주는 말이에요.

> ● full을 동사처럼 '가득 차 있었다'라고 해석했네요. full은 '가득 찬'이라는 형용사(명사를 꾸며주는 말)예요. '~로 가득 차 있다'라고 말하려면 be full of로 쓴다는 것도 알아두세요.

(The baskets) (full of candies) were everywhere. (○)
사탕이 가득 차 있는

● 다시 해석해 볼까요?

> **The baskets (full of candies) were everywhere.**
> (사탕이 가득 차 있는) 바구니가 어디에나 있었다.

EXERCISE ⑤

[1단계] 핵심주어에는 ○ , 형용사로 시작하는 꾸밈말에는 ( ) 하세요.

1 The boy late for school is my brother.

2 The writer famous for his novel visited to my school.

3 The street full of trash is a big problem.

4 The men good at basketball are usually tall.

2 **visit** 방문하다
3 **trash** 쓰레기

[2단계] 명사와 형용사로 시작하는 꾸밈말에 주의하면서 해석해 보세요.

5 The room full of many people is noisy.

_____

6 The students proud of themselves get high grades.

_____

7 The girl sick in Japan returned to Korea.

_____

8 The food good for our health is not always expensive.

_____

9 The river full of clean water will be our hope.

_____

10 She met the students full of energy.

_____

11 I like the city famous for the beautiful harbor.

_____

5 **noisy** 시끄러운
6 **grade** 점수
7 **return** 돌아오다
   returned 돌아왔다
10 🔖 the students
       full of energy
11 🔖 the city
       famous for the
   beautiful harbor

[3단계] 다음 문장을 영어로 바꿔 보세요.

12 바구니가 (사탕이 가득 차 있는) / 있었다 / 어디에나

_____

SECRET 06 핵심주어 + who

● 아래 문장을 해석해 보세요.

> The doctor who is tall asked the nurse to help him.

> ▶ **혹시 이렇게 했나요?** 그 의사는 누가 키가 큰지를 간호사에 물어보고 그를 도와주었다??
> ▶ **무엇이 문제인가요?** who를 '누가'라고 해석했네요.

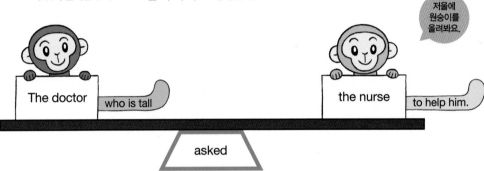

저울에
원숭이를
올려봐요.

The doctor | who is tall | the nurse | to help him.

asked

문제점 ▶ who라고 무조건 '누가'라는 뜻이 되는 건 아니에요.

The doctor who is tall asked the nurse to help him.
　　　　　　누가 ✕

who부터 시작해서 바로 나오는 동사 말고 다음 동사 전까지 괄호 치세요. 두 번째 나오는 동사가 진짜 동사예요. 핵심주어 다음에 나오는 who는 앞의 핵심주어를 꾸며주는 말이에요.

The doctor (who is tall) asked the nurse to help him (O)
　　　　　　　　✕　　　　○
　　　　키가 큰

● 핵심주어가 사람일 때는 who가 오지만 사물일 때는 which가 와요. that은 사람이든 사물이든 관계없이 쓸 수 있답니다. 주어 다음에 who, which, that이 오면 모두 앞에 있는 명사인 핵심주어를 꾸며주는 말이라는 걸 잊지 마세요.

● ask는 원래 '물어보다'라는 뜻이 있지만, ask A to B 형태가 되면 'A에게 B를 요청하다'라는 뜻이 돼.

● 다시 해석해 볼까요?

>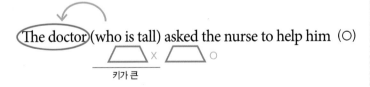
> The doctor (who is tall) asked the nurse to help him.
> (키가 큰) 그 의사는 간호사에게 그를 도와달라고 요청했다.

EXERCISE ❻

[1단계] 핵심주어에는 ○, who 등으로 시작하는 꾸밈말에는 ( ) 하세요.

1 The person who is very rich has a good car.

2 The country which looks like a boot is Italy.

3 George who is my best friend is very kind.

4 The woman who lives next door is a doctor.

4 next door 옆집에

[2단계] 명사와 who 등으로 시작하는 꾸밈말에 주의하면서 해석해 보세요.

5 The man who we met yesterday asked me to call him.

_____

6 The policeman who was tall asked me to come to the car.

_____

7 The dog which is barking is my dog.

_____

8 The bus which goes to the airport runs every day.

_____

9 The food that you cooked yesterday was great.

_____

10 I visited my uncle who ran a restaurant.

_____

10 🧑 my uncle
⤷ who ran a
restaurant

11 She likes the shop which is on Fifth street.

_____

11 🏠 the shop
⤷ which is on Fifth
street

[3단계] 다음 문장을 영어로 바꿔 보세요.

12 그 의사는 (키가 큰) / 요청했다 / 간호사에게 / 그를 도와달라고

_____

핵심주어 + where

● 아래 문장을 해석해 보세요.

The house where we lived ten years ago is not here any more.

▶ **혹시 이렇게 했나요?** 우리가 어디에 살든지간에 그 집은 10년 전에 여기에 없었다??

▶ **무엇이 문제인가요?** where을 '어디에'라고 해석했네요.

저울에
원숭이를
올려봐요.

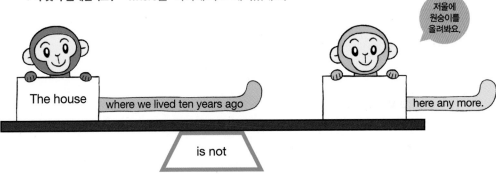

The house   where we lived ten years ago   here any more.

is not

문제점 ▶ where이라고 무조건 '어디에'라는 뜻이 되는 건 아니에요.

The house where we lived ten years ago is not here any
more.   <u>어디에</u> ×

where부터 시작해서 바로 나오는 동사 말고 다음 동사 전까지 괄호
치세요.
두 번째 나오는 동사가 진짜 동사예요. 핵심주어 다음에 나오는
where는 앞의 핵심주어를 꾸며주는 말이에요.

(The house)(where we lived ten years ago) is not here any more.
　　　　　　　×　　　　　　　　　　○
우리가 10년 전에 살았던

● 핵심주어가 장소일 때
는 where이 오지만
시간이 오면 when,
이유가 오면 why가
와요. 핵심주어 뒤에
where, when, why가
오면 모두 앞에 있는
명사인 핵심주어를 꾸
며주는 말이에요.

● not … any more는
'더 이상 ~하지 않다'
는 뜻이에요.(= not …
any longer)

● 다시 해석해 볼까요?

(The house)(where we lived ten years ago) is not here any more.
(우리가 10년 전에 살았던) 집은 더 이상 여기에 있지 않다.

 **EXERCISE 7**

[1단계] 핵심주어에는 ○, where 등으로 시작하는 꾸밈말에는 ( ) 하세요.

1 The house where I live is very beautiful.

2 The hotel where we stayed was clean.

3 The winter when I met her was really cold.

4 The apartment where my friend lives is very old.

[2단계] 명사와 where 등으로 시작하는 꾸밈말에 주의하면서 해석해 보세요.

5 The time when he arrive at the school was 10.

_____

6 The place where I was born is no more.

_____

7 Seoul, where it is the biggest city, is the capital of Korea.

_____

8 The year when I went to LA was 2010.

_____

9 The city where there was some snow is not cold anymore.

_____

10 I am going to the shop where I bought my notebook.

_____

11 Today is the day when I must say goodbye.

_____

6 **no more** = not … any more

7 **capital** 수도

10 the shop
⤷ where I bought my notebook

11 the day
⤷ when I must say goodbye

[3단계] 다음 문장을 영어로 바꿔 보세요.

12 집은 (우리가 10년 전에 살았던) / 있지 않다 / 여기에 / 더 이상

_____

SECRET 08 핵심주어 + '주어 + 동사'

● 아래 문장을 해석해 보세요.

My mother Mary met is pretty nice.

▶ **혹시 이렇게 했나요?** 나의 엄마가 만난 메리는 예쁘고 좋다??
▶ **무엇이 문제인가요?** 한국말처럼 '엄마가 메리를 만났다'라고 하면 안 돼요.

저울에
원숭이를
올려봐요.

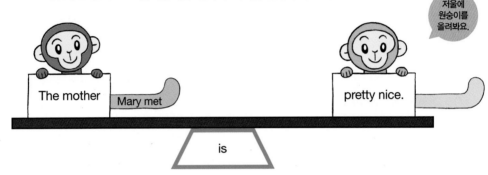

The mother | Mary met | pretty nice.

is

문제점 ▶ 핵심주어가 '엄마'인지 '메리'인지 정확히 구분해야 돼요.

> • pretty는 '예쁜'이라는 뜻 이외에 '매우, 꽤'라는 뜻이 있답니다. 여기에서는 nice라는 형용사 앞에서 '매우'라는 뜻으로 쓰였어요.

My mother Mary met is pretty nice. (×)
　　　　엄마가　만났던 메리는

핵심주어 다음에 나오는 〈주어+동사〉는 핵심주어를 꾸며주는 말이에요. 동사가 두 번 나오는 것처럼 보이면 대개 뒤에 있는 것이 동사예요. 〈핵심주어+who+주어+동사〉의 경우 who는 생략될 수 있어요.

My mother (Mary met) is pretty nice. (○)
메리가 만났던 나의 엄마 (우리 엄마)

= My mother (who Mary met) is pretty nice. (○)

● 다시 해석해 볼까요?

My mother (Mary met) is pretty nice.
(메리가 만났던) 우리 엄마는 매우 좋은 분이다.

EXERCISE 8

[1단계] 핵심주어에는 ○, '주어+동사'로 시작하는 꾸밈말에는 ( ) 하세요.

1   English grammar she does is difficult.

2   The woman Peter liked went to China.

3   The computer my father bought last year was broken.

4   The man she likes has three cars.

1 **difficult** 어려운

[2단계] 명사와 '주어+동사'로 시작하는 꾸밈말에 주의하면서 해석해 보세요.

5   The picture Jerry drew is pretty good.

_____

6   The fish we had for dinner was really great.

_____

7   The country he went to is very rich.

_____

8   The game George is doing now is very exciting.

_____

9   The day I must leave came.

_____

10 I talked to the girl Jane knew.

_____

11 The man is my neighbor John likes.

_____

5 **drew** draw(그리다)의 과거

10 the girl
    Jane knew

11 my neighbor
    John likes

[3단계] 다음 문장을 영어로 바꿔 보세요.

12 우리 엄마는 (메리가 만났던) / 매우 좋은 분이다

_____

핵심주어 + 콤마(,)

● 아래 문장을 해석해 보세요.

> **Rice, a university in Texas, is famous in America.**

▶ **혹시 이렇게 했나요?** 텍사스에 있는 대학은 미국에서 쌀로 유명하다??

▶ **무엇이 문제인가요?** Rice가 쌀일까요?

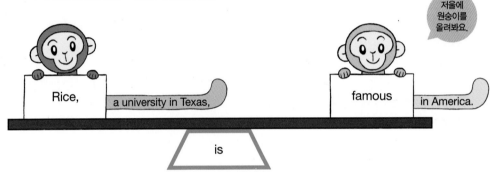

저울에 원숭이를 올려봐요.

Rice, │ a university in Texas, │ famous │ in America.

is

문제점 ▶ rice를 무턱대고 쌀이라고 해석했군요.

rice가 쌀이라는 뜻이 있지만, 뒤에 있는 말에 따라 '하나의 명칭'도 될 수 있어요. 여기서는 대학교 명칭이죠. 어떻게 아냐고요? 콤마 바로 뒤에 a university(대학교)라고 나오잖아요.

Rice, a university in Texas, is famous in America.

서로 같음

텍사스에 있는 대학교인 라이스(대학교)

명사가 나오고 바로 콤마가 나오면(명사, ……,) 콤마 사이의 내용은 앞의 단어와 같은 의미가 돼요.

(Rice), (a university in Texas), is famous in America. (○)

● 다시 해석해 볼까요?

> (Rice), (a university in Texas), is famous in America.
> (텍사스에 있는 대학교인) 라이스 대학교는 미국에서 유명하다.

EXERCISE 9

[1단계]   핵심주어에는 ○ , 콤마 안에는 ( ) 하세요.

1   Cairo, the capital of Egypt, has great storms.

2   Kyeong Ju, an old city in Korea, has many beautiful places.

3   Dave, my best friend, is taller than me.

4   Justin, a Canadian pop idol, is a great singer.

1   storm 폭풍

[2단계]   명사와 콤마에 주의하면서 해석해 보세요.

5   Stanford, a famous university, has great students.

_____

6   Stanford, a hotel in New York, is not so big.

_____

7   Hunter, my cousin, is very good at writing.

_____

8   Tim, a good hunter, ran after the bears.

_____

9   Violet, the wonderful girl, was my girlfriend.

_____

10 I went to Frankfurt, a city of Germany.

_____

11 I like to go to Pratt, a famous art school.

_____

8   hunter 사냥꾼

10 Frankfurt
    a city of
    Germany

11 Pratt
    a famous art
    school

[3단계]   다음 문장을 영어로 바꿔 보세요.

12 라이스 대학교는, (텍사스에 있는 대학교인), / 매우 유명하다 / 미국에서

_____

핵심주어 + that(동격)

● 아래 문장을 해석해 보세요.

> The report that Mozart helped someone learn English is true.

▶ **혹시 이렇게 했나요?**   그 보고서는 모차르트와 어떤 사람이 도와 영어를 사실로 만들었다??

▶ **무엇이 문제인가요?**   어디까지가 주어인지 모르는군요.

저울에
원숭이를
올려봐요.

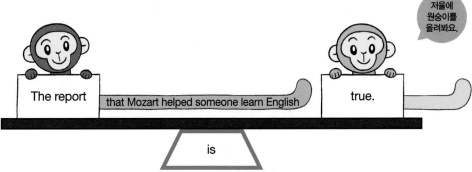

The report   that Mozart helped someone learn English   true.

is

문제점 ▶ **주어가 어디까지인지 정확히 모르고 있네요.**

핵심주어 다음에 오는 that은 핵심주어를 설명해 주는 말이에요.

> • help A B는 'A가 B 하
> 도록 돕다'라고 해석
> 해요.

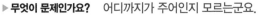

The report (that Mozart helped someone learn English) is true. (○)
핵심주어를 설명해 주는 말

그런데 어디까지가 설명해 주는 말이냐고요? 진짜 동사 앞까지요. Mozart 바로 뒤에 나온 **help**는 모차르트에 붙어 있는 말이니까 진짜 동사가 아니고, **to learn**은 to가 붙어서 동사가 아니에요. is가 진짜 동사니까 그 앞까지 묶으면 돼요.

● 다시 해석해 볼까요?

> The report (that Mozart helped someone learn English) is true.
> (모차르트가 어떤 사람이 영어를 배우게 도왔다는) 보고는 사실이다.

 **EXERCISE ⑩**

[1단계]   핵심주어에는 ○ , that으로 시작하는 동격의 말에는 ( ) 하세요.

1   The fact that we are twins is clear.

2   The rumor that he is rich is well-known.

3   The idea that she still lives in Seoul is true.

4   The news that our team won the game was exciting.

[2단계]   명사와 that으로 시작하는 동격에 주의하면서 해석해 보세요.

5   The rumor that I am sick is not true.

_____

6   The fact that the man is honest is strange.

_____

7   The report that he helped the students study English
is true.

_____

8   The chance that he can go to the university is gone.

_____

9   I can't understand the fact that she doesn't like me.

_____

10 I don't believe the rumor that aliens came to earth.

_____

[3단계]   다음 문장을 영어로 바꿔 보세요.

11 보고는 / (모차르트가 어떤 사람이 영어를 배우게 도왔다는) / 사실이다

_____

REVIEW 1

1 다음 중 비슷한 성격을 가진 단어끼리 서로 이으세요.

from •	• the buildings
is •	• Seoul
Daegu •	• of
the apple •	• are

2 다음의 뜻에 맞게 주어진 단어를 저울 안 빈칸에 알맞게 넣으세요.

동물원에 있는 동물은 약해졌다.

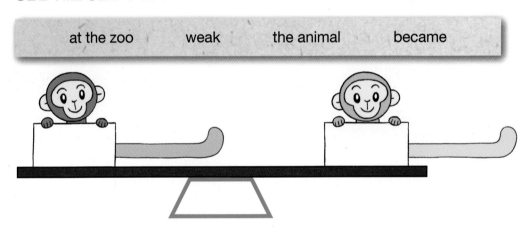

at the zoo   weak   the animal   became

스위스에서 만들어진 시계는 뛰어나다.

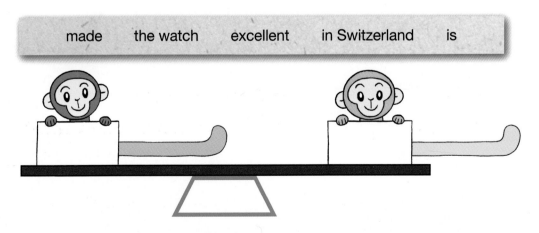

made   the watch   excellent   in Switzerland   is

PART 1에서는 '핵심주어와 꾸며주는 말'로 이루어진 문장을 배웠어요.
배운 내용을 잘 기억하면서 복습해 봅시다.

3 다음 문장에서 주어에는 ○, 동사에는 △, 꾸며주는 말에는 ( )를 그려 넣고, 해석해 보세요.

1. The man surprised by the news didn't say a word.

_____

2. I like the pizza served in this restaurant.

_____

3. The people living in a big city don't know the country life.

_____

4. The house burning for three hours is her house.

_____

5. The weather in Russia are very cold.

_____

6. She is the doctor who I met yesterday.

_____

7. Tony, a book company, has many workers.

_____

8. The man my mother said was my father.

_____

9. I know the place where the penguin stayed.

_____

10. The rumor that he became a spy three years ago is true.

_____

49

REVIEW 2 NEAT

지칭 추론
유형 소개 : 다음의 영어 지문에서 대명사나 지시어가 무엇을 가리키는지 맞춰보세요.
대명사는 주로 앞에서 이미 나온 명사를 가리키므로 글의 앞부분에서 찾는 습관을 들이세요.

1

What does he refer to in the passage?   난이도 ★

Sam and Bill were twin sons (of James and Mary). The father, (James), liked Sam (because he was a good cook). (He) would bring home (for the family). But Mary loved Bill (best), (because he was a quiet, peaceful boy). So, Mary gave him the book (which he liked).

a. Sam
b. Bill
c. James
d. father

단어 익히기

twin 혱 쌍둥이	**bring** 동 가져오다	**quiet** 혱 조용한	**peaceful** 평화스러운
favorite 혱 매우 좋아하는	**reduce** 동 줄이다	**friction** 마찰	**aquarium** 혱 수족관

2 What does <u>She</u> refer to in the passage?

 난이도 ★★

Alex was a nice student who liked his friends. He lived in Queens, not far from Manhattan. One girl called July liked him. The house she lives in was very famous for a painting on her building. Violet, a pretty cafe, was her favorite place. <u>She</u> wanted to meet him there.

a. house
b. violet
c. Alex
d. July

3 What does <u>They</u> refer to in the passage?

난이도 ★★★

<u>They</u> are the most smart animals on earth. They have a special relationship with people. They are excellent swimmers, and their smooth skin reduces friction with the water. These sea animals living in the Atlantic and Pacific have spots on their body. The spotted ones found in deep water are not easy to train. These animals trained well are showing their jumping skills at public aquariums.

a. whales
b. dolphins
c. octopuses
d. seals

PART 2

주어가 왜 이렇게 생겼어?
모양이 다른 주어를 찾아라!

SECRET 11 -ing로 시작하는 주어

● 아래 문장을 해석해 보세요.

> Knowing English can help us in many ways.

▶ **혹시 이렇게 했나요?** 영어를 알고 우리를 많은 길에서 도와줄 수 있다??

▶ **무엇이 문제인가요?** English를 주어, knowing을 동사처럼 해석했네요.

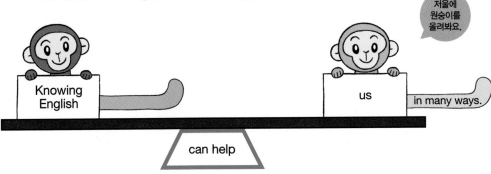

저울에 원숭이를 올려봐요.

문제점 ▶ 주어를 정확하게 찾지 못했군요.

Knowing ⟨English⟩ can help us in many ways. (×)

⟨Knowing⟩ English can help us in many ways. (○)

● way는 '길'이라는 뜻 이외에도 '방면, 방법'이라는 뜻도 있답니다. 그래서 in many ways는 '많은 방면에서'라고 해석할 수 있어요.

문장 처음에 -ing가 나오면 그것이 바로 핵심주어예요. '~것'이라고 해석하면 돼요. 핵심주어 다음에 English처럼 명사가 나오면 '~을/를'을 붙이면 되고요.

Knowing English can help us in many ways.
　아는 것　　영어를　　◁▷

● 다시 해석해 볼까요?

> Knowing English can help us in many ways.
> 영어를 ⟨아는 것은⟩ 많은 방면에서 우리를 도와줄 수 있다.

EXERCISE ⓫

[1단계] 핵심주어에는 ○, 동사에는 △ 하세요.

1 Learning English is not easy.

2 Playing guitar made me relaxed.

3 Studying English is a long journey.

4 Learning about other cultures is exciting.

2 **relaxed** 긴장을 푸는
3 **journey** 여행
4 **culture** 문화

[2단계]   -ing로 시작하는 핵심주어와 목적어에 주의하면서 해석해 보세요.

5 Doing everything well is never easy in many ways.

_____

6 Knowing more English can also help us.

_____

7 Finding the way to his house was difficult.

_____

8 Reading in bed is not good for the eyes.

_____

9 Drinking too much coffee makes us unhealthy.

_____

10 She loved reading books that James wrote.

_____

11 They liked learning English for their future.

_____

9 **unhealthy**
   건강에 해로운
10 reading books
   that James
   wrote
11 learning English
   for their future

[3단계]   다음 문장을 영어로 바꿔 보세요.

12 아는 것은 / 영어를 / 도와줄 수 있다 / 우리를 / 많은 방면에서

_____

Wh-로 시작하는 주어

● 아래 문장을 해석해 보세요.

Who did it is a question to me.

▶ **혹시 이렇게 했나요?** 누가 나에게 질문을 했다??

▶ **무엇이 문제인가요?** 주어가 어디까지인지 확실히 알아야 돼요.

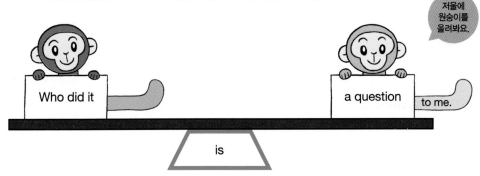

저울에 원숭이를 올려봐요.

문제점 ▶ '누가(who) 했다(did)'라고 who를 주어처럼 해석했네요.

Who did it is a question to me. (×)
누가 했다

● question을 '질문'이라고 해석했네요. 여기에서 question은 '의문'이라고 해석해야 해요.

wh-로 시작하는 말이 나올 때 바로 뒤에 나오는 동사는 진짜 동사가 아니에요. 그 다음에 나오는 동사가 진짜 동사지요. 그래서 주어는 뒤에 있는 is 바로 앞까지입니다.

Who did it is a question to me. (○)
누가 그것을 했는지가

● 다시 해석해 볼까요?

Who did it is a question to me.
누가 그것을 했는지가 나에게 의문이다.

EXERCISE ⑫

[1단계]   주어에는 ○ , 동사에는 △ 하세요.

1   What I lost yesterday is my watch.

2   When she goes to school is now.

3   Why he was late for school was late breakfast.

4   Where he likes to go is Switzerland.

4   Switzerland 스위스

[2단계]   Wh-로 시작하는 주어와 동사에 주의하면서 해석해 보세요.

5   What I saw surprised me.

_____

6   When he will leave is not known yet.

_____

7   Where they live now is a secret.

_____

8   Why they don't like him is not clear.

_____

9   Who knows the answer is very important.

_____

10 What we want to know is who will attend the meeting.

_____

11 What we want to know is when you will leave this city.

_____

6   yet 아직
7   secret 비밀
10 🙍 What we want to know
   ⛰ is
   🛶 who will attend the meeting

[3단계]   다음 문장을 영어로 바꿔 보세요.

12 누가 그것을 했는지가 / 이다 / 의문 / 나에게

_____

57

One of … 로 시작하는 주어

● 아래 문장을 해석해 보세요.

One of the young girls hid herself behind the curtains.

▶ **혹시 이렇게 했나요?** 한 명의 어린 소녀가 커튼 뒤에 그녀를 숨겼다??

▶ **무엇이 문제인가요?** one(하나)도 있고 girls(소녀들)도 있네요.
한 명인가요? 여러 명인가요?

저울에
원숭이를
올려봐요.

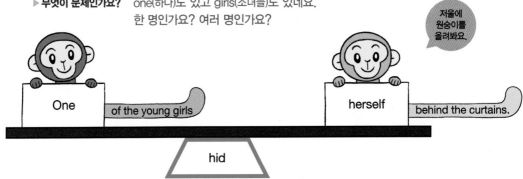

문제점 ▶ one of는 '하나의~'라고 해석하면 안 돼요. '~중의 하나'라고 해석해야 돼요.

● hid herself를 '그녀를 숨겼다'라고 해석했네요. herself는 그녀 자신을 가리키는 말이에요. 그래서 '자신을 숨겼다'라고 해석해야 돼요.

One of ⟨the young girls⟩ hid herself behind the curtains.
하나의 어린 소녀 X

⟨One⟩ (of the young girls) hid herself behind the curtains.
어린 소녀들 중 한 명 ○

one이 핵심주어예요. 그러니까 '여러 소녀가 있는데 그중 하나'라고 해석해야 해요.

● 다시 해석해 볼까요?

⟨One⟩ (of the young girls) hid herself behind the curtains.

(어린 소녀들 중에) 하나가 커튼 뒤에 자신을 숨겼다.

EXERCISE ⑬

[1단계] 핵심주어에는 ○ , 동사에는 △ 하세요.

1 One of us has the watch.

2 One of the biggest cities in the world is New York.

3 One of my best friends is Tom.

4 One of my cats ran away from me.

4 **run away** 달아나다

[2단계] One of에 주의하면서 해석해 보세요.

5 One of the boys said a secret.

_____

6 One of his upper front teeth was loose.

_____

7 One of the men began to come close to our boat.

_____

8 One of men that we met before was very tall.

_____

9 The bird hid itself behind one of its ears.

_____

10 I sent one of the cakes that my mother bought yesterday.

_____

11 It was one of the nights in the rainy season in March.

_____

6 **upper** 위의
front 앞의
loose 흔들거리는

7 **close to** 가까이로

9 itself
behind one of
its ears

11 one
of the nights in
the rainy season in
March

[3단계] 다음 문장을 영어로 바꿔 보세요.

12 하나가 / (어린 소녀들 중에) / 자신을 숨겼다 / 커튼 뒤에

_____

SECRET 14 No로 시작하는 주어

● 아래 문장을 해석해 보세요.

No child learned to speak like that.

▶ **혹시 이렇게 했나요?** 아이가 아닌 사람이 말하는 것을 배우고 저것을 좋아한다??

▶ **무엇이 문제인가요?** No child를 '아이가 아닌 사람'이라고 해석하면 안 돼요!

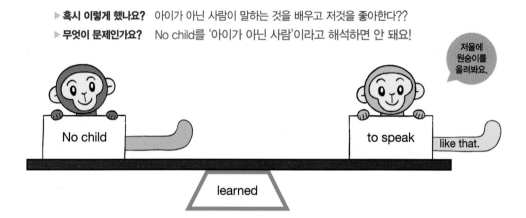

저울에 원숭이를 올려봐요.

문제점 ▶ child 앞에 있는 No는 child의 반대라는 뜻이 아니에요.

No child learned to speak like that. (×)
아이가 아닌

No child learned to speak like that. (○)
어떤 아이도 ~ 않다

> ● like를 '좋아하다'라고 해석했네요. like가 동사인 경우에는 '좋아하다'라는 뜻이지만 (이 문장에서 동사는 learned죠) 여기서는 '~같이/처럼'라고 해석해야 돼요.

그러니까 No child learned는 '어떤 아이도 배우지 않았다'가 됩니다.
no 다음에 사람이 나오면 '어떤 누구도 ~않다'라고 해석하면 되고, no 다음에 사물이 나오면 '어떤 무엇도 ~않다'라고 해석하면 돼요.

● 다시 해석해 볼까요?

No child learned to speak (like that).
어떤 아이도 (저와 같이) 말하는 것을 배우지 않았다.

[1단계]   핵심주어에는 ○ , 동사에는 △ 하세요.

1   No child runs at the museum.

2   No car can go fast like a plane.

3   No friends can do this for you.

4   No one will dance in the morning.

1   museum 박물관
2   fast 빨리

[2단계]   No로 시작하는 주어와 동사에 주의하면서 해석해 보세요.

5   No words can explain it.

_____

6   No students can enter the site like that.

_____

7   No one knows the news like him.

_____

8   No one has a United States flag.

_____

9   No men in the world can answer this question.

_____

10 No one in the room listened to the singing.

_____

11 No one thought of the problem seriously.

_____

5   word 말, 단어
    explain 설명하다
6   enter 들어가다
    site 장소
8   a United States
    flag
9   this question
10 listen to 귀기울여 듣다
11 thought of ~에 대해
    생각했다

[3단계]   다음 문장을 영어로 바꿔 보세요.

12 어떤 아이도 배우지 않았다 / 말하는 것을 / (저와 같이)

_____

주어가 안 보이는 문장

● 아래 문장을 해석해 보세요.

Imagine her as your mother and you can understand her.

▶ **혹시 이렇게 했나요?** 그녀는 너의 엄마를 상상한다. 그리고 너는 그녀를 이해할 수 있다??

▶ **무엇이 문제인가요?** 주어가 없네요. 이럴 때는 뒤에 나오는 것이 주어인가요?

저울에 원숭이를 올려봐요.

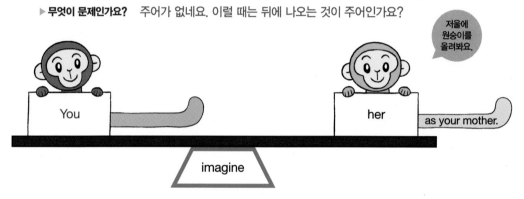

You

her

as your mother.

imagine

문제점 ▶ her를 주어로 해석했군요.

Imagine (her) as your mother and you can understand her. (×)

이렇게 동사부터 시작하는 문장에는 원래 you가 있었는데 생략된 거예요. you를 안 붙여도 상대방에게 하는 말이란 게 분명하니까 굳이 붙일 필요가 없는 거죠. 동사부터 시작되는 말을 명령문이라고 하며, 해석은 '~해라'라고 하면 돼요.

(You) Imagine her as your mother and you can understand her. (○)

and는 보통은 '그리고'라고 해석하는데 명령문에서는 '그러면'이라고 해석해야 해요.

● 다시 해석해 볼까요?

Imagine her as your mother and you can understand her.

그녀를 너의 엄마로 상상해 봐라. 그러면 너는 그녀를 이해할 수 있다.

EXERCISE ⑮

[1단계] 주어에는 ○ , 동사에는 △ 하세요.

1 (You) Run right now.

2 (You) Wash your hands.

3 (You) Be a good student.

4 (You) Study hard, and you can pass the exam.

1 **right now** 바로 지금
4 **pass** 통과하다
   exam 시험

[2단계] 안 보이는 주어에 주의하면서 해석해 보세요.

5 Do your homework before dinner.

_____

6 Exercise and you will be healthy.

_____

7 Start now, and you will catch the bus.

_____

8 Push the button, and the door will open.

_____

9 Turn on the television any time, and you can see the news.

_____

10 Imagine her as your parent, and you can understand her.

_____

11 Laugh and everything will be fine.

_____

6 **exercise** 운동하다
   healthy 건강한
7 **catch** 잡다
8 **push** 누르다
9 You
   turn on
   the television
   any time
  +and you
   can see
   the news

[3단계] 다음 문장을 영어로 바꿔 보세요.

12 상상해 봐라 / 그녀를 / 너의 엄마로 / 그러면 / 너는 / 이해할 수 있다 / 그녀를

_____

Those로 시작하는 주어

● 아래 문장을 해석해 보세요.

Those who are in need are around the world.

▶ **혹시 이렇게 했나요?** 그들은 누가 필요하여 전 세계를 다닌다??

▶ **무엇이 문제인가요?** those를 '그들'이라고 해석하면 안 돼요!

> 저울에 원숭이를 올려봐요.

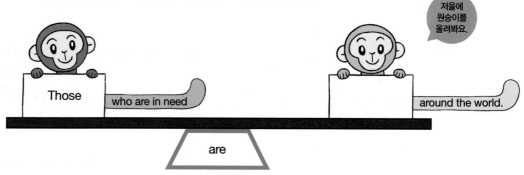

문제점 ▶ Those who를 '그들은 누가'라고 해석했네요. 그리고 need를 동사 처럼 해석했네요.

> ● in need를 '필요하여' 라고 해석했네요. in need는 '도움을 필요 로 하는'이라는 뜻이 에요.

Those who are in need are around the world. (×)
그들은 누가ㅤㅤㅤㅤ△

those who는 '~하는 사람들'이라는 뜻이에요. who는 해석하지 않아요.

Those (who are in need) are around the world. (○)
ㅤㅤㅤㅤㅤㅤㅤㅤㅤ△

● 다시 해석해 볼까요?

Those (who are in need) are around the world.
(도움을 필요로 하는) 사람들은 전 세계에 걸쳐 있다.

EXERCISE ⑯

[1단계] 핵심주어에는 ○, 동사에는 △ 하세요.

1 Those who like Kimchi are Korean.

2 Those who are in need live near me.

3 Those who go to the school are good students.

4 Those who like books will succeed.

2 **near** 근처에

[2단계] Those에 주의하면서 해석해 보세요.

5 Those who are in need came to us.

_____

6 Those who live in Korea are very diligent.

_____

7 Those who read very quickly can also understand well.

_____

8 I hate those who dislike me.

_____

9 It belongs to those who understand the subject.

_____

10 This work is for those who have great understanding about it.

_____

6 **diligent** 부지런한
7 **quickly** 빠르게
9 those who understand th subject
10 **work** 작품

11 She describes those who come to school late.

_____

11 **describe** 묘사하다

[3단계] 다음 문장을 영어로 바꿔 보세요.

12 사람들이 / (도움을 필요로 하는) / 있다 / 전 세계에 걸쳐

_____

SECRET 17 Both로 시작하는 주어

● 아래 문장을 해석해 보세요.

Both Tom and Mary held their breath.

▶ **혹시 이렇게 했나요?** 두 명의 톰과 메리는 그들을 숨을 잡았다.

▶ **무엇이 문제인가요?** 톰이라는 이름을 가지고 있는 아이가 둘인가요?

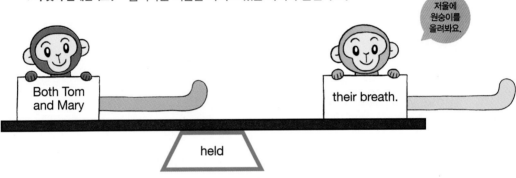

저울에 원숭이를 올려봐요.

문제점 ▶ both를 '두 명의'라고 해석했네요.

Both Tom and Mary held their breath. (×)
두 명의 톰과

both A and B 형태로 쓰일 때는 'A·B 둘 다'라고 해석해야 해요.

Both Tom and Mary held their breath. (○)
톰과 메리 둘 다

both가 단독으로 쓰일 때는 그냥 '둘 다'라고 해석하면 돼요. 즉, both boys처럼 and 없이 쓰이면 '두 소년'이라는 뜻이에요.

> ● held를 '잡다'라고 해석했네요. 그래요 held는 hold의 과거형 동사로 '잡다'라는 뜻이 있어요. 그럼 held breath, 즉 '숨을 잡는다'는 게 무슨 뜻일까요? '숨을 잡는다'는 우리말로 '숨을 참다' 혹은 '숨을 죽이다'라는 뜻이에요.

● 다시 해석해 볼까요?

Both Tom and Mary held their breath.
톰과 메리 둘 다 그들의 숨을 죽였다.

EXERCISE ⑰

[1단계]   주어에는 ○ , 동사에는 △ 하세요.

1   Both went to bed.

2   Both Pam and Sam went to school.

3   Both girls welcomed me.

4   I could both listen and watch.

[2단계]   Both에 주의하면서 해석해 보세요.

5   Both mother and child are hungry.

_____

6   Both sisters were fair as lilies.

_____

7   Both were again silent.

_____

8   Both want to be rich someday.

_____

9   Both she and Mary agreed that I join the club.

_____

10 He gave me both hands happily.

_____

11 I can speak both English and Chinese.

_____

[3단계]   다음 문장을 영어로 바꿔 보세요.

12 톰과 메리 둘 다 / 죽였다 / 그들의 / 숨을

_____

6   **fair** 하얀
     lilies 백합들
7   **silent** 고요한
8   **someday** 언젠가
9   **agree** 동의하다
10 me both hands
     happily
11 both English
     and Chinese

67

It으로 시작하는 주어 I

● 아래 문장을 해석해 보세요.

It is good for you to send me the present.

▶ **혹시 이렇게 했나요?** 나에게 선물을 준다면 그것은 너를 위해 좋다??

▶ **무엇이 문제인가요?** It is good for you …이 '그것은 너를 위해 좋다'는 뜻일까요?

저울에 원숭이를 올려봐요.

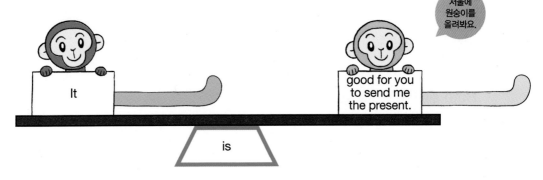

문제점 ▶ 맨 앞에 있는 it을 '그것'이라고 해석했네요.

It is good for you to send me the present. (×)
그것은 너에게 좋다

이것은 It … for … to …로 만들어진 문장이에요. 맨 앞의 it은 가짜 주어이고 해석하지 않아요. to 이하 내용이 진짜 주어예요.

It is good for you to send me the present (○)
It은 가짜 주어   나에게 선물을 주는 것은

● to send me the present를 '나에게 선물을 준다면'이라고 해석했네요. for … to …는 '~가 ~하는 것은'이라고 해석돼요.

● 다시 해석해 볼까요?

It is good for you to send me the present.
네가 나에게 선물을 주는 것은 좋다.

68

EXERCISE ⑱

[1단계]   진짜 주어에는 ○ , 동사에는 △ 하세요.

1   It is good for you to exercise well.

2   It is difficult for him to swim across the lake.

3   It is strange for them to get angry.

4   It is bad for him to say so.

2 across 가로질러

[2단계]   진짜 주어에 유의하면서 해석해 보세요.

5   It is good for you to spend the money.

_____

6   It's important for them to do their homework,

_____

7   It's dangerous for children to play with a lighter.

_____

8   It was easy for him to learn the skill.

_____

9   It was wrong for her to break the window.

_____

10 It is impossible for you to finish the homework tonight.

_____

11 It is hard for him to understand the topic.

9 break 깨뜨리다
10 impossible 불가능한
11 topic 주제
   hard 어려운

_____

[3단계]   다음 문장을 영어로 바꿔 보세요.

12 좋다 / 네가 / 나에게 선물을 주는 것은

_____

It으로 시작하는 주어 II

● 아래 문장을 해석해 보세요.

It was in my room that mom made the bed.

▶ **혹시 이렇게 했나요?** 엄마가 만든 그 침대는 내 방에 있었다??

▶ **무엇이 문제인가요?** 도대체 주어가 어디에 있나요? it은 아닌 것 같고….

저울에
원숭이를
올려봐요.

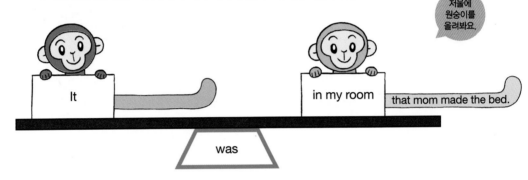

문제점 ▶ the bed를 주어로 해석했네요.

It was in my room that mom made (the bed) (×)

- made the bed를 '그 침대를 만들다'라고 해석했네요. made the bed는 '이불을 정리하다'라고 해석해야 돼요.

위와 같은 문장을 강조구문이라고 해요. 쉽게 말해서 It is/was를 쓰고, 그 다음에 '강조하는 말'을 넣은 것이죠. 뒤의 that 이하가 주어처럼 해석돼요. 실제 주어는 아니지만요.

It was in my room (that mom made the bed) (○)
　　　　　　강조하는 말, It은 해석 안 함

● 다시 해석해 볼까요?

It was in my room (that mom made the bed.)
엄마가 이불을 정리하신 것은 나의 방에서였다.

EXERCISE ⑲

[1단계] 주어처럼 해석되는 말에는 ○, 동사에는 △ 하세요.

1 It was the watch that he lost here.

2 It was Susan that I met at the airport.

3 It was I that climbed that mountain first.

4 It was on Friday that she visited me.

2 airport 공항
3 climb 오르다

[2단계] It is/was … that … 구문에 주의하면서 해석해 보세요.

5 It was mom that made the bed in my room.

_____

6 It is on the bus that I met him last week.

_____

7 It is him that I met on the bus last week.

_____

8 It is you that I'm talking to.

_____

9 It was cookies that Tom bought at the store.

_____

10 It was I that met James yesterday at the park.

_____

11 It was yesterday that I saw you there.

_____

[3단계] 다음 문장을 영어로 바꿔 보세요.

12 였다 / 나의 방에서 / 엄마가 / 이불을 정리하신 것은

_____

There로 시작하는 주어

● 아래 문장을 해석해 보세요.

> ## There is room for two people in the car.

▶ **혹시 이렇게 했나요?** 거기에는 차안에 있는 두 사람을 위한 방이 있다??

▶ **무엇이 문제인가요?** 어떤 것이 주어인지 헷갈리죠?

저울에 원숭이를 올려봐요.

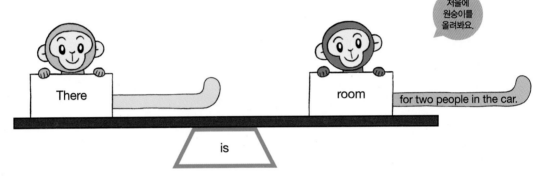

There   room   for two people in the car.

is

문제점 ▶ There를 '거기에'라고 해석했네요.

(There) is room for two people in the car. (×)
거기에

There be …로 시작하는 문장에서는 there가 해석이 안 되는 경우가 많아요. 실제 주어는 동사 뒤에 오고요. 그래서 위의 그림을 보면 빨간원숭이와 노란원숭이가 바뀌어 있어요.

There is (room) for two people in the car. (○)
해석 ×

● room을 '방'이라고 해석했네요. room은 '방'이라는 뜻 이외에 '공간'이라는 뜻도 있어요. 여기에서는 '(차안의) 공간'이라는 뜻으로 쓰였어요.

● 다시 해석해 볼까요?

> ## There is (room) for two people in the car.
> 그 차안에는 두 사람이 탈 (공간이) 있다.

EXERCISE ⑳

[1단계] 주어에는 ○ , 동사에는 △ 하세요.

1 There was no answer.

2 There are a lot of things you can do.

3 There was a slight noise behind her.

4 There are wealthy gentlemen in England.

3 **slight** 작은, 약간의
4 **wealthy** 부유한

[2단계] There로 시작하는 주어에 주의하면서 해석하세요.

5 There was no help for him.

_____

6 There was room for one more person in the car.

_____

7 There was a long silence for a moment.

_____

8 There was a long and narrow island.

_____

9 There was no joy in them anymore.

_____

10 There was no bright side to life anymore.

_____

11 There was a mystery that no one can explain.

_____

7 **silence** 침묵
   moment 잠시
8 **narrow** 좁은
9 **joy** 기쁨
10 **bright side** 밝은 면
11 a mystery
   that no one can
   explain

[3단계] 다음 문장을 영어로 바꿔 보세요.

12 있다 / 공간이 / 두 사람이 탈 / 그 차안에는

_____

REVIEW 3

1 다음은 문장의 주어로 사용하는 말입니다. 뜻을 찾아 이으세요.

-ing •   • ~중의 하나

Both •   • ~하는 사람들

Those who •   • 둘 다 (두~)

One of •   • ~것

2 다음의 뜻에 맞게 주어진 단어를 저울 안 빈칸에 알맞게 넣으세요.

어떤 선생님들도 그것을 그처럼 설명할 수 없다.

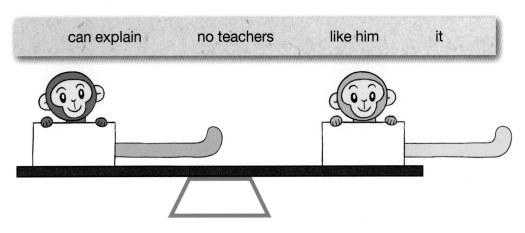

can explain   no teachers   like him   it

식사 전에 손을 씻어라.

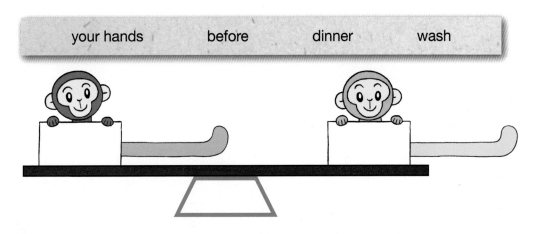

your hands   before   dinner   wash

74

3 다음 문장에서 주어에는 ○, 동사에는 △, 꾸며주는 말에는 ( )를 그려 넣고, 해석해 보세요.

1. Watching TV too much is harmful.

   _____

2. What I heard yesterday surprised me.

   _____

3. One of my friends went to America a year ago.

   _____

4. No one can reach the mountain forever.

   _____

5. Help your mother wash the dishes.

   _____

6. Those who live in Japan like to visit Korea.

   _____

7. Both my friend and I are tired.

   _____

8. It is difficult for him to solve the problems.

   _____

9. It was my old friend that I met yesterday.

   _____

10. There is no water in the well.

   _____

REVIEW 4 NEAT

1 What is the main purpose of this passage?

난이도 ★

Hi, Sarah.

How are you doing? I am studying English hard (in America). I really want to be an English teacher. Becoming a teacher is really exciting. What do you want to be? Both you and I like English. Is that right? Tell me (about your future plans please). I 'll be looking forward to hearing (from you soon).

Best regards, James.

a. To invite his friend.
b. To tell his plan.
c. To know his friend's future plans.
d. To make his friend happy.

Hi, Sarah.
How are you doing?
I am studying English hard in America.
I really want to be an English teacher.
Becoming a teacher is really exciting.
What do you want to be? Both you and I like English.
Is that right? Tell me about your future plans please.
I'll be looking forward to hearing from you soon.
Best regards, James.

단어 익히기

become 동 ~이 되다	**exciting** 형 흥미로운	**right** 형 맞은, 옳은	**future** 명 미래
be gathered 모여지다	**look forward to** ~를 기대하다	**orphanage** 명 고아원	

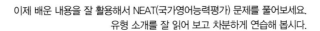

이제 배운 내용을 잘 활용해서 NEAT(국가영어능력평가) 문제를 풀어보세요.
유형 소개를 잘 읽어 보고 차분하게 연습해 봅시다.

2 What is the main purpose of this passage?

It is very hard to find great books for children. Why don't you visit our web site? There are over 30,000 interesting books for kids in this web site. You can find what you want. We will lead your children to the joys of reading. Click now! Our web site is www.greatbooks.com.

a. To lead kids to the book store.

b. To help book sales.

c. To find old story books.

d. To tell parents about the books web site.

3 What is the purpose of the given passage?

You have the chance to do something good like helping poor people. We welcome those who are interested in sending books to poor children. Both new and used books will be fine. Books will be gathered at Seoul Elementary School this Sunday morning. They will be sent to orphanages. Helping the staffs at the school will be also welcomed.

a. To sell books to poor people.

b. To collect books for poor children.

c. To thank elementary school students.

d. To invite people to a school party.

PART 3

도대체 어디가 주어야?
콤마를 찾아라!

To로 시작하는 문장 I

● 아래 문장을 해석해 보세요.

To get to the France, he traveled in a dirty ship.

▶ **혹시 이렇게 했나요?** 프랑스에서 얻는 것은 더러운 배에서 여행하는 것뿐이었다.

▶ **무엇이 문제인가요?** to 이하가 문장의 주어인가요, 아니면 he가 주어인가요?

저울에
원숭이를
올려봐요.

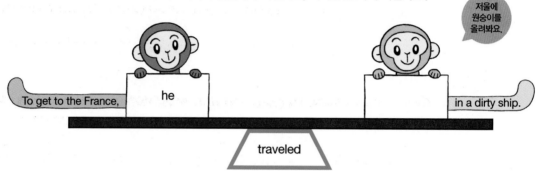

To get to the France, he in a dirty ship.

traveled

문제점 ▶ To get to the France를 주어처럼 해석했네요.

(To get to the France,)he traveled in a dirty ship. (×)

맨 앞에 있다고 성급하게 주어라고 생각하면 안 돼요. 이 문장을 자세히 보면 France 뒤에 ',(콤마)'가 있지요? 이렇게 문장 중간에 콤마가 있으면 거기까지는 꾸며주는 말이라는 거예요. 콤마 다음부터 본격적인 문장이 시작되니까 주어도 콤마 바로 다음에 나오겠죠?

● get을 '얻다'라고 해석했네요. get은 기본 뜻이 '얻다'가 맞아요. 그런데 get 다음에 장소가 나오면 '장소를 얻다', 즉 '~에 도달하다'라고 해석해야 한답니다.

(To get to the France), (he) traveled in a dirty ship. (○)

to 이하가 맨 앞에 오고 뒤에 콤마가 나오면 to 이하는 '~하기 위해서'라고 해석해야 돼요.

● 다시 해석해 볼까요?

(To get to the France), (he) traveled in a dirty ship.

(프랑스에 도달하기 위해서), 그는 더러운 배 안에서 여행했다.

EXERCISE ㉑

[1단계]　꾸며주는 말에는 ( ), 주어에는 ○ , 동사에는 △ 하세요.

1　To say it was true, she came here.

2　To see the boat, I ran to the harbor.

3　To watch TV, I started earlier.

4　To avoid him, she ran to the house.

2　**harbor** 항구
3　**earlier** 좀 더 이르게

[2단계]　To …가 나오는 부분에 주의하면서 해석해 보세요.

5　To get to America, he went to the airport.

_____

6　To buy some food, I went to the mall.

_____

7　To support her family, she worked hard.

_____

8　To teach his students English, Smith goes to school.

_____

9　I studied English to enter the college.

_____

10　My friend decided to go abroad to study more.

_____

11　It is important for you to remember the words to get a good grade.

_____

7　**support** 부양하다
9　English
　　to enter the college
10　to go abroad
　　to study more

[3단계]　다음 문장을 영어로 바꿔 보세요.

12　(프랑스에 도달하기 위해서), / 그는 / 여행했다 / 더러운 배 안에서

_____

To로 시작하는 문장 II

● 아래 문장을 해석해 보세요.

To my surprise, he wondered where he was from.

▶ **혹시 이렇게 했나요?** 나는 놀랐고 그도 그가 어디에 있는지 놀라워했다??

▶ **무엇이 문제인가요?** to my surprise에 당황했군요.

저울에
원숭이를
올려봐요.

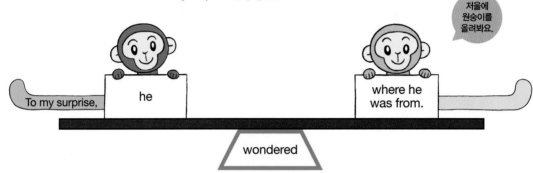

To my surprise,　he　where he was from.

wondered

문제점 ▶ my를 주어로, surprise를 동사처럼 해석했네요.
그럼 주어가 두 개?

To(my)surprise,(he)wondered where he was from. (×)

이번에도 ',(콤마)'를 잘 보셔야죠.

(To my surprise),(he)wondered where he was from. (○)

> • wonder는 '놀라워하
> 다'라는 뜻 외에 '궁금
> 해하다'라는 뜻도 있
> 어요.
>
> • where he was from
> 에서 from은 '어디에
> 서 왔는지'를 말해주
> 는 단어예요. 그러니
> 까 '그가 어디에서 왔
> 는지'라고 해석해야
> 합니다.

to 다음에 my, his, her 같은 소유격이 나오고 감정을 나타내는 말이 나오면, '(누구에게) ~하
게도'라고 해석해야 돼요. 그래서 to my surprise는 '(내게) 놀랍게도'가 되지요.

● 다시 해석해 볼까요?

(To my surprise),(he) wondered where he was from.

(내게 놀랍게도), 그는 그가 어디에서 왔는지 궁금해했다.

EXERCISE ㉒

[1단계]　꾸며주는 말에는 ( ), 주어에는 ○, 동사에는 △ 하세요.

1 To my surprise, he is my brother.

2 To everyone's delight, the war was over.

3 To my delight, I passed the exam.

4 To my surprise, I found her gone.

[2단계]　To …가 나오는 부분에 주의하면서 해석해 보세요.

5 To my surprise, she wondered why she was there.

_____

6 To her disappointment, she will not visit her grandmother.

_____

7 To our great surprise, his plan was excellent.

_____

8 To my surprise, Mary passed the exam.

_____

9 To my dismay, she was out when I called.

_____

10 To my dismay, she gave up English for mathematics.

_____

11 To my dismay, the first person to arrive was a lady in a
   wheelchair.

_____

[3단계]　다음 문장을 영어로 바꿔 보세요.

12 (내게 놀랍게도), / 그는 / 궁금해 했다 / 그가 어디서 왔는지

_____

2　delight 기쁨

6　disappointment
　　실망
　　↳ To her
　　disappointment,
　　🧍 she
　　🏃 will not visit
　　🧍 her grandmother
7　excellent 뛰어난
9　dismay 놀람
10 ↳ To my dismay,
　　🧍 she
　　🏃 gave up
　　🧍 English
　　↳ for mathematics

SECRET 23

When으로 시작하는 문장

● 아래 문장을 해석해 보세요.

> ## When my father was alive, he used to succeed.

▶ **혹시 이렇게 했나요?** 아빠가 언제 살았어도 그는 성공하기 위해 사용했다??

▶ **무엇이 문제인가요?** when을 '언제'라고 해석하면 안 돼요!

저울에
원숭이를
올려봐요.

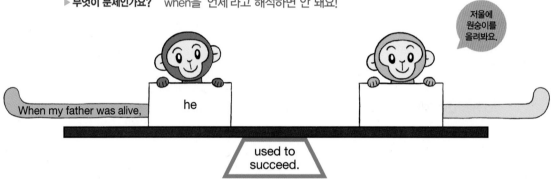

When my father was alive,   he

used to
succeed.

문제점 ▶ when은 '언제'로 해석하고, alive를 '살다'라고 해석했네요.

> When (my father) was alive, he used to succeed. (×)
> 언제

when은 물어보는 말의 경우에 '언제'라고 쓰여요. 그런데 when 뒤에 ',(콤마)'를 발견했나요? 콤마 전까지가 꾸며주는 말이에요. 이럴 경우에 when은 '~할 때'라고 해석해야 해요. 그리고 alive는 '살아 있는'이라는 뜻이에요.

> (When my father was alive), he used to succeed. (○)
> ～할 때   살아 있는

> ● used와 used to는 달라요. used는 '사용했다'라는 뜻이지만, used to는 '～하곤 했다'라는 뜻이에요. used to와 succeed가 합쳐져서 '성공하곤 했다'가 되었네요.

● 다시 해석해 볼까요?

> ## (When my father was alive), he used to succeed.
> (아빠가 살아 있을 때), 그는 성공하곤 했다.

EXERCISE ㉓

[1단계] 꾸며주는 말에는 ( ), 주어에는 ○, 동사에는 △ 하세요.

1 When we left Baker street, it was six thirty.

2 When I was six years old, I moved to America.

3 When I went down there, I found him.

4 When he saw me first, I was a youngster of 12 or so.

4 youngster 청소년

[2단계] when이 나오는 부분에 주의하면서 해석해 보세요.

5 When she was alive, I visited her much.

_____

6 When he worked here, he used to be late.

_____

7 When you found her, what did you do?

_____

8 When he was young, he wanted to be a politician.

_____

9 It was 5: 20 when I started from home.

_____

10 She was very mad when I broke her watch.

_____

11 I found him talking with his son when I went down there.

_____

5   When she was alive,
   I
   visited
   her
   much

6 used to ~하곤 했다

8 politician 정치가

9 It
   was
   5 : 20
   When I started from home

[3단계] 다음 문장을 영어로 바꿔 보세요.

12 (아빠가 살아 있을 때), / 그는 / 성공하곤 했다

_____

85

While로 시작하는 문장

● 아래 문장을 해석해 보세요.

> While I know that it is difficult, I don't think it is impossible.

▶ **혹시 이렇게 했나요?** 내가 아는 동안 그것은 어려웠고, 나는 그것이 불가능하다고 생각하지 않는다??

▶ **무엇이 문제인가요?** 어디까지 끊어서 해석해야 하는지 정확히 모르네요.

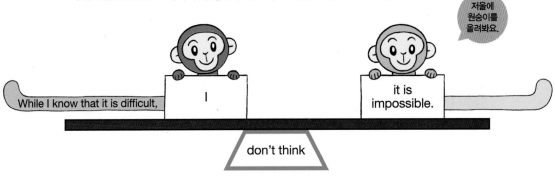

저울에 원숭이를 올려봐요.

문제점 ▶ While I know까지 묶어 주어서 해석했는데요.

(While I know) / that it is difficult, I don't think it is impossible. (×)

그런데 여기서도 ',(콤마)'가 보이지요? 콤마까지 연결해서 해석해야 돼요. 콤마 전까지가 꾸며주는 말이에요. 그래서 주어는 콤마 바로 뒤에 있는 I이고요.

(While I know that it is difficult), I don't think it is impossible. (○)

● while은 대부분 '～하는 동안'이라고 해석하면 되지만, while은 세 가지 뜻이 있어요 ① ～하는 동안, ② ～하지만, ③ 반면에. 여기에서는 문맥상 ②번의 경우이겠네요.

● 다시 해석해 볼까요?

> (While I know that it is difficult), I don't think it is impossible.
> (내가 그것이 어렵다는 것을 알지만), 나는 그것이 불가능하다고 생각하지 않는다.

EXERCISE ㉔

[1단계]　꾸며주는 말에는 ( ), 주어에는 ○, 동사에는 △ 하세요.

1　I like coffee, while Jane likes tea.

2　While I was singing, he got out of the room.

3　I fell asleep while I was reading.

4　While he has many week points, he always works hard.

3　**fall asleep** 잠에 빠지다
4　**week point** 약점

[2단계]　while이 나오는 부분에 주의하면서 해석해 보세요.

5　The walls are green, while the ceiling is white.

_____

6　While she was walking in the street, she heard a big noise.

_____

7　I read 50 pages, while he read only 20.

_____

8　Jack is a good speaker while Tom is a good writer.

_____

9　We can't go home while they are in the street.

_____

10 She was watching TV while I was coming back home.

_____

8　Jack
　is
　a good speaker
　while Tom is a
　good writer

[3단계]　다음 문장을 영어로 바꿔 보세요.

11 (내가 알지만 / 그것이 어렵다는 것을), / 나는 / 생각하지 않는다 / 그것이 불가능하다고

_____

Though로 시작하는 문장

SECRET 25

● 아래 문장을 해석해 보세요.

Though I told her not to wait for me, Mary didn't listen.

▶ **혹시 이렇게 했나요?** 내가 그녀에게 말하지는 않았지만 나를 기다렸고 메리는 듣지 않았다??

▶ **무엇이 문제인가요?** though를 '〜지만'이라 해석한 것은 맞아요. 문제는 끊어 읽기!

> 저울에 원숭이를 올려봐요.

Though I told her not to wait for me,   Mary

didn't listen.

문제점 ▶ Though I told her not까지 끊어서 읽었네요.

(Though I told her not) to wait for me, Mary didn't listen. (×)

콤마까지 너무 길어서 중간에 한 번 끊었다고요? 아무리 길어도 중간에 맘대로 끊으면 안 돼요. 앞에서 끊어주는 것은 항상 ',(콤마)'까지라는 거 잊지 마세요.

(Though I told her <u>not to wait</u> for me), Mary didn't listen. (○)
기다리지 말라고

> ● 〈to+동사〉 형태의 앞에 있는 not은 〈to+동사〉를 부정해주는 말이에요. 쉽게 말해서 앞이 아니라 뒤에 있는 말하고 붙여서 해석해 줘야 해요. not to wait(기다리지 말라고)처럼요.

● 다시 해석해 볼까요?

(Though I told her not to wait for me), Mary didn't listen.
(내가 나를 기다리지 말라고 그녀에게 말했지만), 메리는 말을 듣지 않았다.

EXERCISE ㉕

[1단계] 꾸며주는 말에는 ( ), 주어에는 ◯, 동사에는 △ 하세요.

1   Though it was raining, I walked to work.

2   Though she is weak, she has a strong will.

3   Although she was short, she did well

4   He is wise though he is young.

2   **will** 의지

[2단계] (al)though가 나오는 부분에 주의하면서 해석해 보세요.

5   Though I told him not to do that, he did.

_____

6   Though it was hot, she was wearing a thick sweater.

_____

7   Though I cried out, no one heard me.

_____

8   Although I got up early in the morning, I was late for school.

_____

6   **thick** 두꺼운
8   **although** = though
     Although I got up early in the morning,
     I
     was
     late
     for school

9   Though she didn't like it, I enjoyed it a lot.

_____

10 She went out although it was raining.

_____

10   although it was raining

[3단계] 다음 문장을 영어로 바꿔 보세요.

11 (내가 말했지만 / 그녀에게 / 기다리지 말라고 / 나를), 메리는 / 말을 듣지 않았다

_____

SECRET 26 · As로 시작하는 문장

● 아래 문장을 해석해 보세요.

> ## As a result, few people went to the school.

▶ **혹시 이렇게 했나요?** 결과 때문에 몇몇 사람들이 학교에 갔다??

▶ **무엇이 문제인가요?** as를 해석하기가 항상 곤란하죠?

저울에 원숭이를 올려봐요.

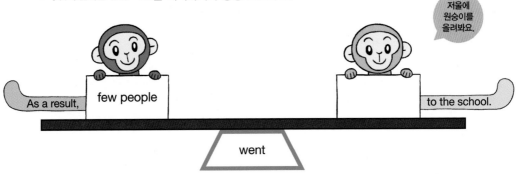

문제점 ▶ as를 '~때문에'라고 해석했네요.

as는 '~때문에' 이외에도 많은 뜻이 있어요. as 다음에 명사가 나오면 '~로서' 나 '~처럼'이라는 의미가 돼요.

$$\underset{\text{~로서}}{\text{As a result,}} \;\; \underset{\text{명사}}{(\text{few people})} \;\; \text{went to the school.}$$

as는 다음과 같은 뜻이 있어요.

① as+명사: ~로서, ~처럼
② as+주어+동사: ~때문에, ~대로, ~할 때, ~하듯이

> ● few people went to school을 '몇몇 사람들이 학교에 갔다'라고 해석했네요. few …와 a few …는 달라요. 앞에 것은 '거의 없다'는 뜻이고, 뒤에 것은 '조금 있다'는 뜻이에요. (자세한 것은 SECRET 52를 보면 알 수 있어요.)

● 다시 해석해 볼까요?

> ## (As a result), few people went to the school.
> (결과로서), 사람들은 거의 학교에 가지 않았다.

EXERCISE ㉖

[1단계]   꾸며주는 말에는 ( ), 주어에는 ○, 동사에는 △ 하세요.

1 As his brother, I want to help him.

2 As a doctor, I do my best.

3 As a teacher, I am working this school.

4 I respect him as a doctor.

2 **do my best** 최선을
다하다

[2단계]   as가 나오는 부분에 주의하면서 해석해 보세요.

5 As a result, few students will attend the class.

_____

6 As his father, I have to work for my son.

_____

7 As she was doing this, they said hello to her.

_____

8 As you know, Mary is going to America.

_____

9 They all dressed as angels.

_____

5 **attend** 참가하다
7 〈as+주어+동사〉 ~할 때
8 〈as+주어+동사〉 ~하듯이
9 〈as+명사〉 ~처럼
11 **wander about**
여기 저기 방황하다
↪ as I was
wandering about

10 I am going to Korea as Japan is expensive.

_____

11 The lion came up as I was wandering about.

_____

[3단계]   다음 문장을 영어로 바꿔 보세요.

12 (결과로서), / 사람들은 거의 / 가지 않았다 / 학교에

_____

91

91

If로 시작하는 문장

● 아래 문장을 해석해 보세요.

If I wanted a "six pack", I would exercise regularly.

▶ **혹시 이렇게 했나요?** 내가 식스팩을 원하면 나는 정기적으로 연습문제를 풀어야 한다??

▶ **무엇이 문제인가요?** if …의 뜻이 애매하네요.

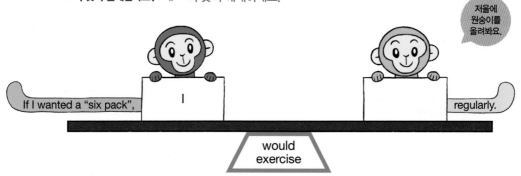

저울에 원숭이를 올려봐요.

If I wanted a "six pack", I regularly.

would exercise

문제점 ▶ if를 '만일 ~한다면'이라고 잘 해석했네요.

그런데 if 뒤에 과거동사가 나오면 실제로는 반대라는 의미예요. 쉽게 말해서 '식스팩을 원한다면'이라는 말에는 '현재는 그다지 원하지 않는데 만일 원한다면'이라는 뜻이 담겨 있어요.

> • exercise를 '연습문제를 풀다'라고 해석했네요. exercise는 '연습문제를 풀다'라는 뜻도 있지만, 이 경우에는 '운동하다'로 해석해야 돼요.

(If I wanted a "six pack",) I would exercise regularly.

(마음속 식스팩을 원하는데) 식스팩을 원한다면 ✕
(마음속 식스팩을 원하지 않지만) 만약의 경우에 식스팩을 원한다면 ○

● 다시 해석해 볼까요?

If I wanted a "six pack", I would exercise regularly.

(원치는 않지만) 만일 내가 식스팩을 원한다면, 나는 정기적으로 운동을 해야 할 거야.

EXERCISE ㉗

[1단계] 꾸며주는 말에는 ( ), 주어에는 ○ , 동사에는 △ 하세요.

1 If you had a problem, I would help you.

2 If he helped me, I could finish my homework.

3 If she were my mother, I would follow her.

4 If I were rich, I could buy the jacket.

3 follow 따르다

[2단계] if가 나오는 부분에 주의하면서 해석해 보세요.

5 If you understood it, I would not explain again.

_____

6 If you wanted to send the money, I would thank you.

_____

7 If I were you, I would not change the clothes.

_____

8 If she had enough money, she could buy the car.

_____

9 I could read if I knew English.

_____

10 Jane would move to Japan if she spoke Japanese.

_____

11 I would not go alone if I were you.

8 enough 충분한
9 ⤶ if I knew English
11 alone 홀로

[3단계] 다음 문장을 영어로 바꿔 보세요.

12 만일 내가 원한다면, / 식스팩을 / 나는 / 운동을 해야 할 거야 / 정기적으로

_____

SECRET 28 -ever로 시작하는 문장

● 아래 문장을 해석해 보세요.

> Wherever he went, he didn't make it on time.

▶ **혹시 이렇게 했나요?** 그가 어디를 찾아 가더라도, 그는 제 시간에 그것을 만들지 못했다??

▶ **무엇이 문제인가요?** 이곳저곳을 가본다는 의미인가요?

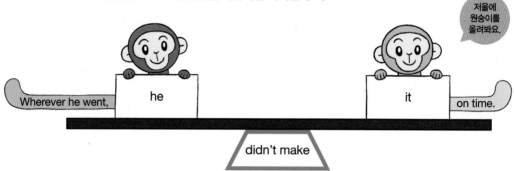

저울에 원숭이를 올려봐요.

문제점 ▶ 뒤에 make(만들다?)를 보고 어림잡아 wherever he went를 '어디를 찾아 가더라도'라고 해석했네요.

wherever은 '어디를 가더라도'와 '어디를 갈 때마다' 두 가지 모두 가능해요. 다만 이 문장에서는 뒤에 time(시간)이라는 말이 있으니까 '갈 때마다'라고 해석하면 좋아요.

Wherever he went, he didn't make it on time.
어디를 (이곳저곳) 찾아가더라도 ✕

Wherever he went, (he) didn't make it on time.
어디에 갈 때마다 ○   단서

> ● make it을 '그것을 만들었다'라고 해석했네요. make it을 여기에서는 '~에 시간 맞춰 가다'라고 해석해야 돼요. make it은 상황에 따라 '성공하다', '참석하다', '이겨내다' 등으로 해석할 수 있어요.

● 다시 해석해 볼까요?

> (Wherever he went), (he) didn't make it on time.
> (그가 어디에 갈 때마다), 그는 정시에 시간에 맞춰 가지를 못했다.

94

 **EXERCISE ㉘**

[1단계] 꾸며주는 말에는 ( ), 주어에는 ○, 동사에는 △ 하세요.

1   Wherever you want to go, I will allow it.

2   Whatever he may say, it is true.

3   Whichever you decide, I'll support you.

4   Whenever you come, I am glad to see you.

1   **allow** 허락하다
3   **support** 지지하다

[2단계]   -ever가 나오는 부분에 주의하면서 해석해 보세요.

5   Whatever he did, he made it.

_____

6   Whichever you decide, I'll help you.

_____

7   Whomever she spoke with, she was very kind.

_____

8   Whatever he suffered from, he can beat it.

_____

9   Whatever you may say, you cannot change her mind.

_____

10 I'll buy you whichever book you like best.

_____

11 I will give you whatever you need.

_____

5   **make it** 성공하다
6   **decide** 결정하다
8   **beat** 이기다
9   🔙 Whatever you may say,
    🧍 you
    ⬛ cannot change
    🧍 her mind
11 🧍 you
    ↪ whatever you need

[3단계]   다음 문장을 영어로 바꿔 보세요.

12 (그가 어디에 갈 때마다), / 그는 / 못했다 / 시간에 맞춰 가지를 / 정시에

_____

SECRET 29 -ing로 시작하는 문장

● 아래 문장을 해석해 보세요.

> # Being busy, I did not have time.

▶ **혹시 이렇게 했나요?** 바쁜 것은 내가 시간을 가지고 있지 않기 때문이다.

▶ **무엇이 문제인가요?** -ing로 시작하는 문장에 익숙하지 않군요.

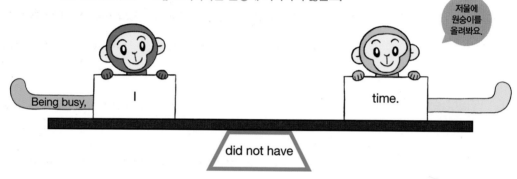

문제점 ▶ 문장 앞뒤를 보고 의미를 파악해야 해요.

-ing로 시작하는 문장이 나오면, 콤마 전 문장과 콤마 뒤 문장을 보고 뜻을 생각해 봐야 해요. 무슨 소리냐고요? 위의 문장처럼 앞 문장이 이유를 나타내면 '~ 때문에'라는 말을 넣어주면 돼요. 또, 시간적으로 비슷한 상황이다 싶으면 '~할 때'나 '~하는 동안'을 넣어주면 되구요. 다시 말해서 앞뒤 문장을 잘 보고 스스로 말을 넣어야 해요.

> ● did not have time을 '시간을 가지지 않았다'라고 해석했네요. '시간이 없었다'라고 자연스럽게 해석하세요.

(Being busy,) (I) did not have time.
바쁘기 때문에

● 다시 해석해 볼까요?

> # (Being busy), (I) did not have time.
> (바쁘기 때문에), 나는 시간이 없었다.

EXERCISE ㉙

[1단계] 꾸며주는 말에는 ( ), 주어에는 ○, 동사에는 △ 하세요.

1 Making a lot of money, he was not happy.

2 Talking with her, I watched her closely.

3 Reading a book, he heard a strange voice.

4 Having no time, I had to run,

3 voice 목소리

[2단계] -ing로 시작되는 부분에 주의하면서 해석해 보세요.

5 Being busy, we did not have time.

_____

6 Feeling thirsty, I drank coke.

_____

7 Watching TV, they ate a lot of popcorn.

_____

8 Living in the country, I am very healthy.

_____

9 Getting really hungry, we went to the supermarket to
   buy some food.

_____

10 Arriving at the store, I found it closed at the store.

_____

11 I feel very good having slept well last night.

_____

6 thirsty 목마른
7 ⌒ Watching TV,
   ♟ they
   ⛰ ate
   ♟ a lot of popcorn
8 healthy 건강한
11 ♟ I
   ⛰ feel
   ♟ very good
   ⌐ having slept
   well last night

[3단계] 다음 문장을 영어로 바꿔 보세요.

12 (바쁘기 때문에), / 나는 / 없었다 / 시간이

_____

SECRET 30 -ed로 시작하는 문장

● 아래 문장을 해석해 보세요.

Asked what his hobby was, Tom didn't say a word.

▶ **혹시 이렇게 했나요?** 취미가 무엇인지 물어 본 뒤에 톰은 한 단어도 말하지 않았다??

▶ **무엇이 문제인가요?** 톰이 질문을 했나요, 질문을 받았나요?

저울에 원숭이를 올려봐요.

Asked what his hobby was, | Tom | a word.

didn't say

문제점 ▶ -ed로 시작되는 문장과 -ing로 시작되는 문장은 의미가 달라요.

-ed로 시작하는 문장은 수동(직접 하는 것이 아니라 받는 것)의 의미죠.

Asking what his hobby was, Tom didn't say a word.
톰이 질문을 하는 상황

Asked what his hobby was, Tom didn't say a word.
톰이 질문을 받는 상황

문장의 앞뒤를 보면 '톰이 질문 받을 때'가 자연스러워요.
-ed를 붙이면 과거분사가 되는 경우가 있고 그렇지 않은 경우도 있어요.(과거분사의 불규칙 형태는 이 책 210페이지를 참고하세요.)

> ● word를 '단어'라고 해석했네요. word가 '단어'라는 뜻이 있긴 해요. 그런데 여기서는 '말'이라는 뜻으로 쓰여서 didn't say a word는 '한마디 말도 하지 않았다'라고 해석해야 해요.

● 다시 해석해 볼까요?

(Asked what his hobby was), Tom didn't say a word.

(톰이 그의 취미가 무엇인지 질문 받았을 때), 톰은 한 마디 말도 하지 않았다.

EXERCISE 30

[1단계] 꾸며주는 말에는 ( ), 주어에는 ○, 동사에는 △ 하세요.

1 Asked what my name was, I answered.

2 Left to herself, she began to cry.

3 Given the gift, he was very satisfied.

4 Trained carefully, the dog will become a good friend.

3 **satisfied** 만족한

[2단계] -ed가 나오는 부분에 주의하면서 해석해 보세요.

5 Asked how she finished it, she didn't say a word.

_____

6 Born in Spain, he lived most of his life in Europe.

_____

7 Invited to the party, they went to the party.

_____

8 Wounded in the legs, he could not walk.

_____

9 Left alone, she began to listen to the radio.

_____

10 The book was not easy to understand written in German.

_____

8 **wounded** 부상을 입은

9 **left** 남겨진

10 easy to understand
written in German

[3단계] 다음 문장을 영어로 바꿔 보세요.

11 (톰이 질문 받았을 때 / 그의 취미가 무엇인지), / 톰은 / 말하지 않았다 /
한 마디 말도

_____

REVIEW 5

1 다음의 영어 표현과 같은 뜻을 찾아 서로 이으세요.

To my surprise, •   • 놀랍게도

As a result, •   • 바쁘기 때문에

To get the France, •   • 결과로서

Being busy, •   • 프랑스에 가기 위해서

2 다음의 뜻에 맞게 주어진 단어를 저울 안 빈칸에 알맞게 넣으세요.

나는 약한 소녀지만, 나는 너를 도울 수 있다.

am   though   I   a weak   girl,   can help   I   you

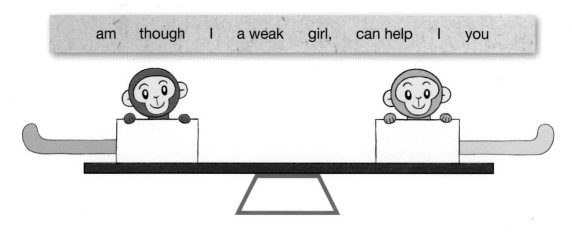

그녀가 그와 함께 말하고 있는 동안, 나는 TV를 보고 있었다.

was talking   while   she with him,   I   TV   was watching.

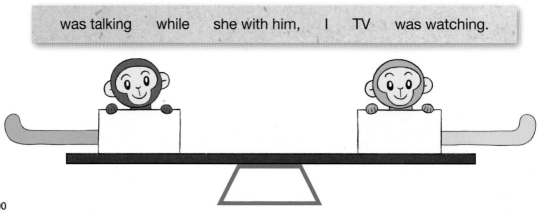

PART 3에서는 콤마 다음에 주어가 온다는 것을 배웠어요.
배운 내용을 잘 기억하면서 복습해 봅시다.

3 다음 문장에서 주어에는 ○, 동사에는 △, 꾸며주는 말에는 ( )를 그려 넣고, 해석해 보세요.

1. To say something, I met her yesterday.

2. To my surprise, I saw my old friend in the street.

3. When she was in America, I was in Canada.

4. She likes meat, while he likes vegetable.

5. Though he was young, he made much money.

6. As your father, I will help you forever.

7. If you helped me, I could finish my work.

8. Whatever you want, I will buy it for you.

9. Living in the big city, I am very happy.

10. Born in Brazil, she lived most of her life in South America.

REVIEW 6 NEAT

1 What is the best picture order for the passage?

난이도★

Sam and Tom are twins. Sam likes playing ball (while Tom likes books). (When Sam entered this room), his father gave him a ball. (When Tom heard this from his brother), he was angry. But, (to his surprise), his father was waiting for him (with his favorite book).

a. 2-4-3-1   b. 4-3-2-1

c. 2-3-4-1   d. 4-2-3-1

단어 익히기

enter 통 들어가다	**heard** 통 들었다, hear(듣다)의 과거형	**whisk** 통 거품 나게 하다
pour 통 붓다	**stir** 통 젓다	**holiday** 명 휴일

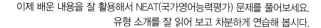

이제 배운 내용을 잘 활용해서 NEAT(국가영어능력평가) 문제를 풀어보세요.
유형 소개를 잘 읽어 보고 차분하게 연습해 봅시다.

2 What is the best picture order for the passage?

난이도 ★★

Let's make scrambled eggs. To make scrambled eggs, first whisk together the eggs and milk. Next, heat a frying pan. Then pour the egg mixture into the pan. After that, cook and stir the egg. As a last step, it's time to eat.

a. 2-3-4-1   b. 4-3-2-1
c. 2-4-3-1   c. 4-2-3-1

3 What is the best picture order for the passage?

난이도 ★★★

I woke up one morning and sat up in my bed. I made the bed first. To my surprise, no one is at home. I got of room and walked into the kitchen. I was hungry, so I ate some food. Then I watched a show on television and played with a toy. When my father arrived home, I had to stop watching and playing. Whenever it is a holiday, I am still have homework.

a. 4-3-2-1   b. 2-3-4-1
c. 1-2-4-3   d. 4-2-1-3

PART 4

도대체 뭐가 동사야?
진짜 동사를 찾아라!

동사와 to + 동사

● 아래 문장을 해석해 보세요.

I laughed to see the goods.

▶ **혹시 이렇게 했나요?** 나는 웃으면서 좋게 봤다??

▶ **무엇이 문제인가요?** laughed, see 동사가 2개인가요?

> 저울에
> 원숭이를
> 올려봐요.

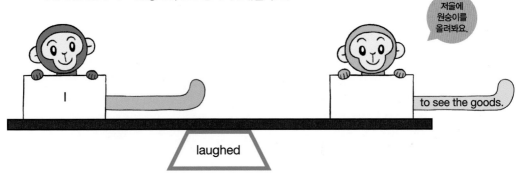

I

to see the goods.

laughed

문제점 ▶ 동사와 to+동사가 헷갈리는군요.

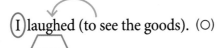

ⓘ laughed to see the goods. (×)

○ ────── × ──────
웃었다   봤다

> ● goods를 '좋은'으로
> 해석했네요. good은
> '좋은'이라는 뜻이 맞
> 지만 s를 붙여 goods
> 가 되면 '상품'이라는
> 뜻으로 바뀌어요.

앞에 있는 laughed가 동사예요. to see는 see에 to가 붙는 순간 더 이
상 동사가 아니에요. 동사 다음의 to+동사는 앞에 있는 동사를 꾸며주는 말이에요. to+동사
는 '~해서' 라고 해석하면 돼요.

ⓘ laughed (to see the goods). (○)

● 다시 해석해 볼까요?

ⓘ laughed (to see the goods).
나는 (그 제품을 보고서) 웃었다.

EXERCISE ③

[1단계] 주어에는 ○, 동사에는 △, 꾸밈말에는 ( ) 하세요.

1 He cried to see her go.

2 She smiled to get the pen.

3 The boy laughed to see his dog.

4 I was happy to see my friends.

[2단계] 동사와 to+동사에 주의하면서 해석해 보세요.

5 I smiled to buy the goods.

_____

6 He was unhappy to read the book.

_____

7 She laughed to hear her funny voice.

_____

8 He was sad not to go there.

_____

9 She was angry to hear the news.

_____

10 The tall man jumped up to hear the happy news.

_____

11 They cried out to find her missing daughter.

_____

6 **unhappy** 행복하지 않은
7 **funny** 웃긴
  voice 목소리
11 **missing** 사라진

[3단계] 다음 문장을 영어로 바꿔 보세요.

12 나는 / 웃었다 / (보고서 / 그 제품을)

_____

동사와 동사 + ing

● 아래 문장을 해석해 보세요.

I heard the news surprising people.

▶ **혹시 이렇게 했나요?** 나는 뉴스를 듣고 사람들을 놀라게 했다??
▶ **무엇이 문제인가요?** 동사와 동사+ing가 헷갈리는군요.

저울에 원숭이를 올려봐요.

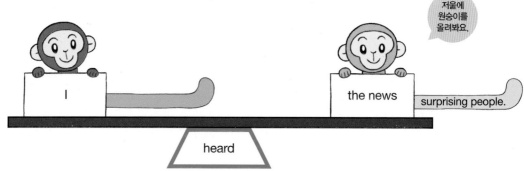

문제점 ▶ 동사가 heard와 surprising 2개인가요?

앞에 heard가 동사예요. surprising은 surprise에 ing가 붙는 순간 더 이상 동사가 아니에요.

(I) heard the news surprising people. (×)
      들었다   놀랐다
        ○   X

그리고 명사 다음에 동사+ing가 나오면 동사+ing는 앞에 있는 명사를 꾸며주는 말이에요.
그래서 surprising은 '놀라게 한'이라고 해석해야 돼요.

I heard the news (surprising people). (○)
  들었다

● 다시 해석해 볼까요?(SECRET 2 핵심주어 + -ing와 비교해 보세요.)

(I) heard the news (surprising people).
나는 (사람들을 놀라게 한) 뉴스를 들었다.

EXERCISE ㉜

[1단계] 주어에는 ○, 동사에는 △, 꾸밈말에는 ( ) 하세요.

1 I heard the voice surprising my friend.

2 I went to my friend sleeping in his room.

3 I went to my teacher living near here.

4 She likes the man talking on the phone.

[2단계] 동사와 동사+ing에 주의하면서 해석해 보세요.

5 He saw the picture surprising many people.

_____

6 I phoned my aunt living in America.

_____

7 I know the shop selling the pretty pen.

_____

8 The house burning for two hours is my house.

_____

9 The boy studying in his room is my cousin.

_____

10 I found some people sleeping at the station.

_____

11 The girl ran to her mother standing at the door.

_____

[3단계] 다음 문장을 영어로 바꿔 보세요.

12 나는 / 들었다 / 뉴스를 / (놀라게 한 / 사람들을)

_____

6 **phoned** 전화했다
8 **burning** 타고 있는
9 🔺 the boy
    ↪ studying in his room
    🔺 is
    🔺 my cousin
10 **station** 역

동사와 -ed(p.p.)

● 아래 문장을 해석해 보세요.

I loved the book loved by the cooks.

▶ **혹시 이렇게 했나요?** 나는 요리를 사랑했고 책은 요리를 사랑했다??

▶ **무엇이 문제인가요?** 앞의 loved와 뒤의 loved가 헷갈리네요.

저울에 원숭이를 올려봐요.

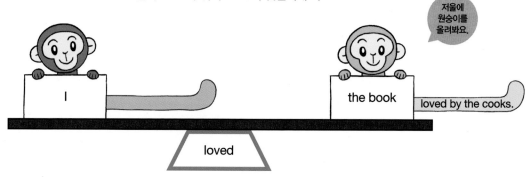

I

the book   loved by the cooks.

loved

문제점 ▶ 과거 동사와 동사+ed는 생김새는 같지만 쓰임은 달라요.

앞에 있는 loved는 과거형 동사예요. 뒤에 있는 loved는 앞에 있는 명사 the book을 꾸며주는 말이고요.

● cook을 '요리'라고 해석했네요. cook은 '요리하다'라는 동사 외에 '요리사'라는 뜻이 있어요.

I loved the book loved by the cooks. (×)
  사랑했다 ○   사랑했다 X

I loved the book (loved by the cooks). (○)
  사랑했다   사랑받는

● 다시 해석해 볼까요?(SECRET 3 핵심주어 + -ed와 비교해 보세요.)

ⓘ loved the book (loved by the cooks).
나는 (요리사들에 의해서 사랑받는) 그 책을 사랑했다.

110

EXERCISE ㉝

[1단계] 주어에는 ○, 동사에는 △, 꾸밈말에는 ( ) 하세요.

1   I liked the man liked by everybody.

2   I saw the boys excited at the game.

3   He liked the cars made in the company.

4   I received a letter written in English.

> 2   **excited** (규칙 p.p.)
>
> 3   **make - made - made**

[2단계] 동사와 동사+ed(p.p.)에 주의하면서 해석해 보세요.

5   I loved the food loved by every cook.

_____

6   I didn't like the pizza served in this restaurant.

_____

7   We knew the excellent book written by James.

_____

8   My mother liked the bread made in the bakery.

_____

9   The man called Sam loved my book.

_____

10 My mom loved the friends invited to the party.

_____

11 He sat at his desk surrounded by books.

_____

> 6   **served** 제공되는
>
> 9   The man
>   called Sam
>   loved
>   my book
>
> 10   My mom
>   loved
>   the friends
>   invited to the
>   party
>
> 11 **surrounded** 둘러싸인

[3단계] 다음 문장을 영어로 바꿔 보세요.

12 나는 / 사랑했다 / 그 책을 / (사랑받는 / 요리사들에 의해서)

_____

SECRET 34 be + -ing와 -ing

● 아래 문장을 해석해 보세요.

> ## I was playing Romeo playing chess.

▶ **혹시 이렇게 했나요?** 나는 놀았고 로미오는 체스를 놀았다??
▶ **무엇이 문제인가요?** 앞의 playing과 뒤의 playing이 헷갈리네요.

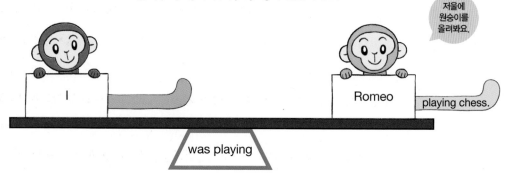

저울에 원숭이를 올려봐요.

I

Romeo

playing chess.

was playing

문제점 ▶ am playing과 playing은 달라요!!

앞에 있는 am(동사)+playing은 함께 동사 역할을 해요. 뒤에 있는 playing은 앞에 있는 명사 Romeo를 꾸며주는 말이고요.

> I am playing Romeo playing chess. (×)
>   ○   X

> I am playing Romeo (playing chess). (○)

> ● play를 '논다'라고만 해석하면 안 돼요. play는 '연기하다'라는 뜻도 있고, 게임이나 스포츠 앞에서는 '~을 하다'라고 해석이 된답니다.

● 다시 해석해 볼까요?

> ## Ⓘ was playing Romeo (playing chess).
> 나는 (체스를 하는) 로미오 연기를 했다.

EXERCISE ③④

[1단계]   주어에는 ○, 동사에는 △, 꾸밈말에는 ( ) 하세요.

1 He is telling his friends studying English.

2 I am thinking about the woman playing violin.

3 He is helping children living there.

4 I am calling the girl studying in her room.

2 〈play+악기〉 악기를
연주하다

[2단계]   be+-ing와 -ing에 주의하면서 해석해 보세요.

5 I am playing a princess playing piano.

_____

6 I was telling my mom washing the dishes.

_____

7 I was thinking about the man teaching English.

_____

8 Sue was watching the movie shocking her.

_____

9 He was helping the people living in the poor country.

_____

10 I was telling the boys playing outside.

_____

11 My mom was kissing the baby smiling at her.

_____

8 shocking 놀라게 하는
9 country 나라
11 My mom
    was kissing
    the baby
    smiling at her

[3단계]   다음 문장을 영어로 바꿔 보세요.

12 나는 / 연기를 했다 / 로미오를 / (체스를 하는)

_____

SECRET 35 be + p.p.와 p.p.

● 아래 문장을 해석해 보세요.

A dog was given to the woman dressed well.

▶ **혹시 이렇게 했나요?** 개가 여자에게 드레스를 잘 주었다??
▶ **무엇이 문제인가요?** 수동태 해석에 주의해야 돼요.

저울에 원숭이를 올려봐요.

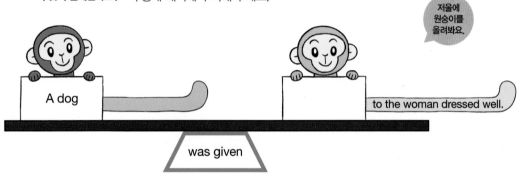

문제점 ▶ was given은 '주었다'가 아니고 '주어졌다'예요.

● be given은 '주어졌다' 란 뜻이고, 만일 given 만 있다면 '주어진'이 라고 해석하면 돼요.

동사가 be+p.p. 형태면 주어가 무언가를 '하는 것'이 아니라 무언가에 의해 '당하는 것'을 뜻해요.

A dog <u>was given</u> to the woman dressed well.
　　　　주었다 X, 주어졌다 O

dressed를 '드레스'라고 해석하면 안 돼요. dressed는 '옷을 입은'이라는 뜻이며, 앞에 있는 명 사를 꾸며주는 말이에요.

A dog <u>was given</u> to the <u>woman</u> (dressed well).
　　　　　　　　　　여자에게　　　　　　옷을 입은

● 다시 해석해 볼까요?

A dog was given to the woman (dressed well).
개는 (옷을 잘 입은) 그 여자에게 주어졌다.(옷을 잘 입은 그 여자가 개를 받았다.)

EXERCISE ㉟

[1단계] 주어에는 ○, 동사에는 △, 꾸밈말에는 ( ) 하세요.

1 I was sent to a brother named John.

2 The dog was watched by a person trained well.

3 The gift was sent to a boy called Mark.

4 The girl was given the book written by James.

[2단계] be＋p.p.와 p.p.에 주의하면서 해석해 보세요.

5 A prize was given to the girl dressed well.

_____

6 The man is known for the students taught by him.

_____

7 I was taught history by a man called a genius.

_____

8 The book was written in Spanish used by South
American.

_____

9 She was given the prize named Nobel.

_____

10 He was told to use a pencil made in Korea.

_____

[3단계] 다음 문장을 영어로 바꿔 보세요.

11 개는 / 주어졌다 / 그 여자에게 / (옷을 잘 입은)

_____

5 **prize** 상
6 **be known for**
   ～에게 유명하다
7 **genius** 천재
8 **Spanish** 스페인어
9 she
   was given
   the prize
   named Nobel

SECRET 36 have + p.p.와 p.p.

● 아래 문장을 해석해 보세요.

I have had a doll made by mom.

▶ **혹시 이렇게 했나요?** 나는 엄마로서 만들어서 가지고 있었던 인형을 가지고 있다??

▶ **무엇이 문제인가요?** have had가 이상하다고요?

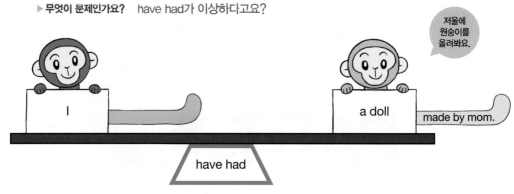

저울에 원숭이를 올려봐요.

문제점 ▶ have had를 '엄마도 가지고 있고 나도 가지고 있다'고 두 번 해석했네요.

have had는 '가지고 있었다'라고 해석하면 돼요. 그럼 had와 뭐가 다르냐고요? had는 그냥 '가지고 있었다'고 have had는 '이전부터 가지고 있었고 지금도 계속 가지고 있다'는 뜻이에요.

I have had a doll made by mom.
　　 가지고 있었다

made by mom은 앞에 있는 명사 doll을 꾸며주고, 해석은 '엄마에 의해 만들어진'이라고 해요.

I have had a doll (made by mom).
　　 가지고 있었다　　　엄마에 의해 만들어진

● 다시 해석해 볼까요?

I have had a doll (made by mom).
나는 (엄마에 의해 만들어진(엄마가 만든)) 인형을 가지고 있었다.

[1단계] 주어에는 ○, 동사에는 △, 꾸밈말에는 ( ) 하세요.

1 I have done my homework.

2 I have met the man shown on TV.

3 She have met the boy called Mark before.

4 He has lived the house known by everyone.

2 shown 보여진

[2단계] have p.p.와 p.p.에 주의하면서 해석해 보세요.

5 She has had the book written by James.

_____

6 I've had the pen made in Japan.

_____

7 I have once lived in Vancouver located in Canada.

_____

8 I have finished my homework given by my teacher.

_____

9 I have just read *Hamlet* written by Shakespeare.

_____

10 James has just finished the book expected by many people.

_____

6 I've = I have
7 once 한때
   located 위치해 있는
8 I
   have finished
   my homework
   given by my teacher
9 just 이제 막
10 expected 기대되는

[3단계] 다음 문장을 영어로 바꿔 보세요.

11 나는 / 가지고 있었다 / 인형을 / (만들어진 / 엄마의 의해)

_____

SECRET 37 조동사와 동사 I

● 아래 문장을 해석해 보세요.

He may be poor at the skill.

▶ **혹시 이렇게 했나요?** 그는 기술이 있어서 가난해도 좋다??

▶ **무엇이 문제인가요?** may의 의미가 한 가지인가요?

저울에 원숭이를 올려봐요.

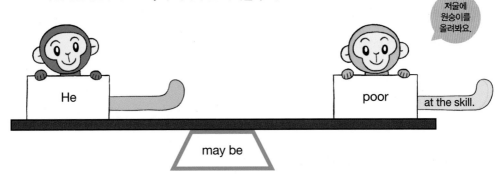

문제점 ▶ may를 '~해도 좋다' 라고 해석했네요.

may는 '~해도 좋다'라는 뜻도 있지만 여기에서는 '~일지도 모른다'라고 해석해야 해요.

이 문장에서 may처럼 동사(be) 앞에 덧붙이는 것을 조동사라고 해요. 동사에 뜻을 더 추가한다는 의미죠. 예를 들어 may go라면 '가다'가 '갈지도 모른다'가 되는 거예요.

He <u>may be</u> poor at the skill.
~일지도 모른다

● poor를 '가난한'이라고 해석했네요. poor는 '가난한'이라는 뜻도 있지만, '~에 서툰'이라는 뜻도 있어요.

● 다시 해석해 볼까요?

He may be poor (at the skill).
그는 (그 기술에) 서툴지도 모른다.

EXERCISE 37

[1단계] 주어에는 ○, 동사에는 △, 꾸밈말에는 ( ) 하세요.

1   He may fix the car.

2   She may leave this room now.

3   Mary may start to learn French soon.

4   If you want, you may go.

[2단계] may의 뜻에 주의하면서 해석해 보세요.

5   She may be poor at basketball.

_____

6   The man be good at the skill.

_____

7   The students may be interested in history.

_____

8   You may leave here right now.

_____

9   If you are tired, you may go home.

_____

10 He may meet someone coming from another country.

_____

11 You may have the pen if you pay for it.

_____

[3단계] 다음 문장을 영어로 바꿔 보세요.

12 그는 / 서툴지도 모른다 / (그 기술에)

_____

7 **interested** 흥미가 있는
8 **right now** 바로 지금
9 ⌐ If you are tired,
   ♦ you
   ▲ may go
   ♦ home
10 **another country**
   또 다른 나라
11 **pay** 지불하다

● 아래 문장을 해석해 보세요.

She must be a liar to say so.

▶ **혹시 이렇게 했나요?** 그녀는 그렇게 말한 대로 거짓말쟁이어야 했다??

▶ **무엇이 문제인가요?** must의 뜻이 뭐죠?

저울에
원숭이를
올려봐요.

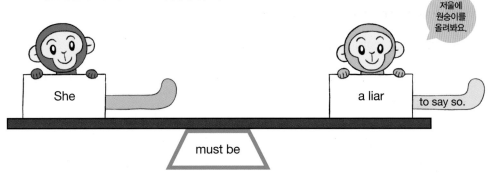

문제점 ▶ must를 '~이어야 했다'라고 해석했네요.

must는 '~해야 한다'라는 뜻도 있지만 여기에서는 '~임에 틀림없다'라고 해석해야 해요. must 다음에 be가 오면 대개의 경우 '~임에 틀림없다'로 해석돼요.

● to say so를 '그렇게 말한 대로'라고 해석했는데, to say so는 '그렇게 말하는 걸 보니'라는 뜻이에요.

She <u>must</u> be a liar to say so.
~임에 틀림없다

● 다시 해석해 볼까요?

She must be a liar (to say so).

그녀는 (그렇게 말하는 걸 보니) 거짓말쟁이임에 틀림없다.

EXERCISE ㊳

[1단계] 주어에는 ○, 동사에는 △, 꾸밈말에는 ( ) 하세요.

1 He must be honest.

2 Every student must learn English.

3 You must be hungry to say so.

4 He must be a fire fighter.

4 **fire fighter** 소방관

[2단계] may의 뜻에 주의하면서 해석해 보세요.

5 You must be tired to say so.
_____

6 He must be very happy to hear the news.
_____

7 We must help the poor all over the world.
_____

8 You must see a doctor right now.
_____

9 You must be thankful for his help.
_____

10 We must learn to think before we buy.
_____

11 He must be very busy because of his homework.
_____

9 **be thankful for**
   ~에 대해 감사하다

10 We
    must learn
    to think
    before we buy

[3단계] 다음 문장을 영어로 바꿔 보세요.

12 그녀는 / 틀림없다 / 거짓말쟁이임에 / (그렇게 말하는 걸 보니)
_____

SECRET 39 명사? 동사?

● 아래 문장을 해석해 보세요.

You have to hand the book to him.

▶ **혹시 이렇게 했나요?** 너는 그에게 손 책을 가지고 있다??

▶ **무엇이 문제인가요?** hand가 항상 '손'이라는 뜻인가요?

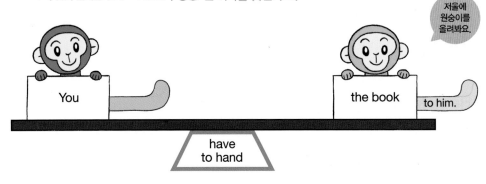

저울에 원숭이를 올려봐요.

문제점▶ hand를 '손'이라고 해석했네요.

hand는 명사로 사용되면 '손'이라는 뜻이지만 여기에서는 동사로 사용되었어요. 뜻은 '주다'이고요.
이렇게 명사가 동사로도 쓰이는 단어가 있으니 주의해야 돼요. rain(비, 비 내리다), name(이름, 이름을 부르다), taste(맛, 맛보다, 맛이 나다)와 같은 것들이 있어요.

You have to <u>hand</u> book to him.
　　　　　　　주다

● have to를 '가지고 있다'라고 해석했네요. have to를 have와 헷갈리지 마세요. have to는 '~해야 한다'예요.

● 다시 해석해 볼까요?

You have to hand the book (to him).
너는 (그에게) 그 책을 주어야 한다.

EXERCISE ㉟

[1단계] 주어에는 ○, 동사에는 △, 꾸밈말에는 ( ) 하세요.

1 She handed the letter to me.

2 The red apples tastes delicious.

3 The rain stopped for a moment.

4 He didn't even know my name at the time.

3 **for a moment**
잠시동안

4 **even** 심지어
at the time 그때에는

[2단계] 명사와 동사의 뜻에 주의하면서 해석해 보세요.

5 He handed the note to me.

_____

6 Hand me the salt, please.

_____

7 Raise your right hand.

_____

8 I named the flowers that I know.

_____

9 I don't think it will rain tomorrow.

_____

10 I want to taste the spicy food from China.

_____

11 These dark clouds rain harmful chemicals.

_____

5 **note** 쪽지

6 (You)
Hand
me the salt
please

7 **raise** 올리다

8 I
named
the flowers
that I know

10 **spicy** 매운

11 **harmful** 해로운
chemicals 화학 물질

[3단계] 다음 문장을 영어로 바꿔 보세요.

12 너는 / 주어야 한다 / 그 책을 / (그에게)

_____

SECRET 40

동사가 두 개?

● 아래 문장을 해석해 보세요.

I found Sam always laughs much.

▶ **혹시 이렇게 했나요?** 나는 샘을 찾았고 그는 항상 많이 웃는다??

▶ **무엇이 문제인가요?** 한 문장 안에 동사가 두 개일 수도 있나요?

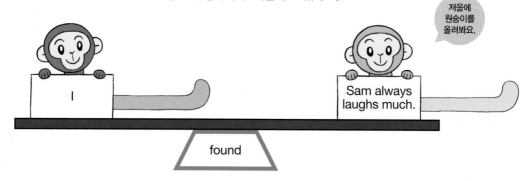

저울에 원숭이를 올려봐요.

문제점 ▶ found와 laugh를 동사로 따로 따로 해석했네요.

이 문장에서 진짜 동사는 found예요. 그럼 laughs는 뭐냐고요? 모양이 동사는 맞아요. 그런데 이 문장에서 laugh는 that에 묶여 있어요. that은 어디 있냐고요? 원래 found와 Sam 사이에 있던 that이 생략되었네요. 목적어를 만드는 that은 종종 생략되기도 해요.
that은 뒤 문장 전체를 묶는 역할을 하죠.

● found를 '찾았다'라고 해석했네요. found는 '찾았다'라는 뜻도 있지만, '알았다'라고 해석하기도 해요.

I found that Sam always laughs much. (×)

I found that Sam always laughs much. (O)
  that부터 끝까지 묶어서 목적어('~를'이라고 해석)

● 다시 해석해 볼까요?

I found (Sam always laughs much).
나는 (샘이 항상 많이 웃는다는 것을) 알았다.

124

EXERCISE ⑩

[1단계]   주어에는 ○, 동사에는 △, that 이하에는 ( ) 하세요.

1 I know that he is rich.

2 I know he is not a liar.

3 I think that you are wrong.

4 Tom discovered he was very ill.

1 that이 생략되지 않은 상태

2 that이 생략된 상태

[2단계]   동사의 뜻에 주의하면서 해석해 보세요.

5 We found you didn't laugh very much.

_____

6 I am sure that he will live to 90.

_____

7 I believe most people have kind hearts.

_____

8 I hope you'll have a wonderful time.

_____

9 I think learning English is important.

_____

10 I heard you were one of the best scientists.

_____

11 We often feel art is difficult to understand.

_____

6 **sure** 확신하는
    to 90 90세까지

7 **heart** 마음

8 I
    hope
    you'll have a
    wonderful time

9 **important** 중요한

11 **difficult** 어려운

[3단계]   다음 문장을 영어로 바꿔 보세요.

12 나는 / 알았다 / (샘이 / 항상 / 웃는다는 것을 / 많이)

_____

REVIEW 7

1 다음 중 비슷한 성격을 가진 단어끼리 이으세요.

must	•	•	have lived
is playing	•	•	is known
was given	•	•	may
have had	•	•	was studying

2 다음의 뜻에 맞게 주어진 단어를 저울 안 빈칸에 알맞게 넣으세요.

그가 그렇게 말하는 것을 보니 거짓말쟁이임에 틀림없다.

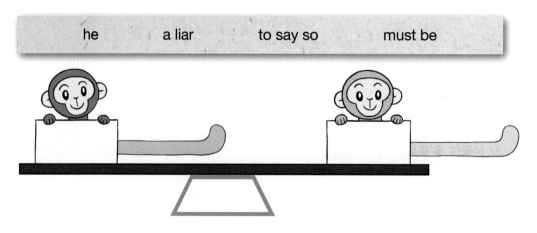

he   a liar   to say so   must be

나는 캐나다에 살고 있는 친구를 방문했다.

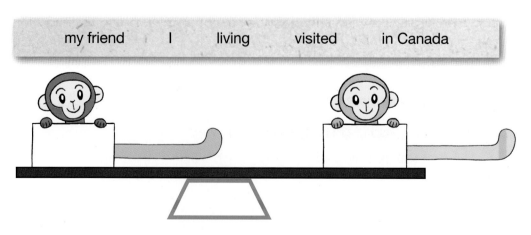

my friend   I   living   visited   in Canada

3 다음 문장에서 주어에는 ○, 동사에는 △, 꾸며주는 말에는 ( )를 그려 넣고, 해석해 보세요.

1. I smiled to get the watch.

   _____

2. She came to my brother studying in his room.

   _____

3. The man got the letter written in Spanish.

   _____

4. He was thinking about the girl singing in the hall.

   _____

5. They are taught English by the teacher named James.

   _____

6. I have met the singer shown on TV.

   _____

7. You may go to play the games.

   _____

8. He must be an English teacher to say so.

   _____

9. He had to hand his homework to his teacher.

   _____

10. I think learning Chinese is very hard.

   _____

REVIEW 8 NEAT

빈칸 추론

유형 소개 : 빈칸에 들어갈 말을 찾는 문제예요. 전체적인 내용을 잘 이해하면서 읽어야 풀 수 있어요. 잘 읽다 보면 빈칸에 들어갈 단어에 대한 힌트가 문장 속에 들어가 있는 경우가 많답니다.

1 Which of the following words best fits in the blank?

 난이도 ★

My grandfather started to learn English (at age 68).

He always handed his homework (to his teacher).

An award was given (to him). Many people think he was _____.

a. handsome
b. great
c. unhappy
d. sad

I like to have your name.

단어 익히기

always (부) 항상	**award** (명) 상	**wet** (형) 습한, 젖은
dry (형) 건조한, 마른	**origin** (명) 기원	**however** (접) 그러나
common (형) 보통의	**last** (동) 지속되다	**miner** 광부

128

2 Which of the following words best fits in the blank? 난이도 ★★

I have heard that tree rings begin in the center. I have found a web site showing about the tree rings. One ring is made every year. We know the life of a tree if we see how the ring is. Narrow tree rings tell the story of dry years. Wide tree rings tell the story of _____ years.

a. strong

b. wet

c. dry

d. weak

3 Which of the following words best fits in the blank? 난이도 ★★★

Do you know the origin of blue jeans? They must be very nice clothes for everyone. However, it was not for common people a long time ago. Levi Strauss, a smart person, first made his canvas into pants for miners in the 1870's. Miners liked the pants because they lasted. The pants, "blue jeans," were not made for young people, but for _____.

a. old people

b. common people

c. Levi Strauss

d. miners

PART 5

READING

아는 단어인데 해석이 안 되네?
동사의 진짜 뜻을 찾아라!

have는 가지다?

● 아래 문장을 해석해 보세요.

Let me have your bag.

▶ **혹시 이렇게 했나요?** 내가 네 가방 가질게??
▶ **무엇이 문제인가요?** 가방을 빼앗는 상황인가요?

저울에 원숭이를 올려봐요.

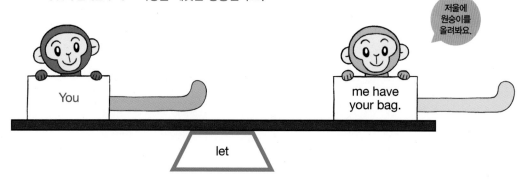

문제점 ▶ **have의 느낌을 잘 이해해야 해요.**

have는 얌전하게 가지고 있는 거예요. 누구한테 빼앗는 느낌이 없어요. 여기에서 have는 '가지고 있겠다'는 뜻이에요. 그러니까 The school has 1,000 students.는 '그 학교는 1,000명의 학생을 가지고 있다' 즉 '그 학교는 1,000명으로 이루어져 있다'가 되지요.

● 'let+A+B'는 'A가 B 하게 하다'라는 뜻이에요.

문제점 ▶ **let me have가 어떻게 생긴 문장인지 모르겠죠?**

이 문장은 앞에 You가 생략된 명령문이에요.(SECRET 15 주어가 안 보이는 문장 참조)

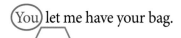 let me have your bag.

● 다시 해석해 볼까요?

Let me have your bag.
내가 가지고 있게 해줘.(내가 가지고 있을게.)

EXERCISE 41

[1단계] 주어에는 ○, 동사에는 △, 꾸밈말에는 ( ) 하세요.

1 Let her have the pen.

2 Please let him go.

3 Let me have your name.

4 She had no money yesterday.

[2단계] have의 뜻에 주의하면서 해석해 보세요.

5 Let me have your book for a moment.

_____

6 My school has only 500 students.

_____

7 He had your email address.

_____

8 I have a message for you.

_____

9 Let me have the watch you bought yesterday.

_____

10 The strawberry has a sweet smell.

_____

11 Let my child have your toys until tomorrow.

_____

[3단계] 다음 문장을 영어로 바꿔 보세요.

12 해줘 / 내가 / 가지고 있게

_____

9 (You)
   Let
   me have the watch
   you bought yesterday

11 **until** ~까지

get은 얻다?

● 아래 문장을 해석해 보세요.

I got my cold from him.

▶ **혹시 이렇게 했나요?** 나는 그로부터 차가운 것을 얻었다??

▶ **무엇이 문제인가요?** 그에게서 얼음을 받았다는 의미인가요?

저울에 원숭이를 올려봐요.

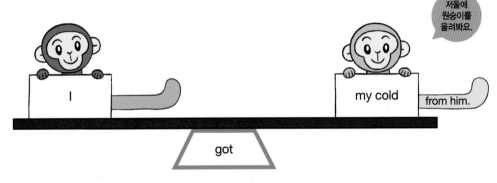

문제점 ▶ get의 느낌을 잘 이해해야 해요.

get은 '무언가가 생겼다'는 의미예요. 사전에 있는 것처럼 그냥 '얻다'라고 해석하면 아주 어색합니다. get은 그것이 좋은 것이든 나쁜 것이든 혹은 눈에 보이든 보이지 않든 무언가가 움직여서 생겨나는 것을 뜻해요. 예를 들어 I got upset.은 '내게 없던 화가 움직여서 나에게 생긴 것'이니까 '나 화났어'가 되는 거예요.

> ● cold를 '차가운 것'이라고 해석했네요. cold는 '차가운'이라는 뜻 외에 '감기'라는 뜻이 있어요.

I <u>got</u> my cold (from him).
옮겨왔다   그로부터

● 다시 해석해 볼까요?

I got my cold (from him).
나는 (그로부터) 감기가 생겼다.(나는 그로부터 감기를 옮았다.)

[1단계] 주어에는 ○ , 동사에는 △ , 꾸밈말에는 ( ) 하세요.

1 Get on the bus.

2 He got the prize from his teacher.

3 My sister got a puppy from her friend.

4 I got much chocolate from girls.

[2단계] get의 뜻에 주의하면서 해석해 보세요.

5 She got her cold from her friends.

_____

6 My mother got mad yesterday.

_____

7 At the end, your room got clean.

_____

8 He got on the bus two hours ago.

_____

9 The boy got out of the class suddenly.

_____

10 Why did your mother get to school?

_____

11 I went to the art museum to get some ideas.

_____

[3단계] 다음 문장을 영어로 바꿔 보세요.

12 나는 / 생겼다 / 감기가 / (그로부터)

_____

2 **got** get의 과거형

7 **at the end** 결국

8 🔲 He
   🔺 got
   ⤵ on the bus two hours ago

11 🔲 I
   🔺 went
   ⤵ to the art museum to get some ideas

take는 가져오다?

● 아래 문장을 해석해 보세요.

It takes three hours to get there.

▶ **혹시 이렇게 했나요?** 그것은 거기에 도달하기 위해 세 시간을 가져왔다??
▶ **무엇이 문제인가요?** 가져오는 건 맞는데 어째 표현이 좀 ~.

> 서울에 원숭이를 올려봐요.

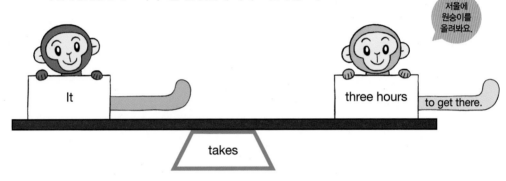

It   three hours   to get there.

takes

문제점 ▶ take의 느낌을 잘 이해해야 해요.

> • It을 그것이라고 해석했네요. 시간이나 날씨를 나타내는 말 앞의 it은 해석하지 않아요.

take는 '무언가를 빼앗다'라는 의미예요. 위 문장에서는 시간을 빼앗는 거니까 시간이 걸리는 게 되는 것이지요. take도 get처럼 움직이는 의미이지만 '홱' 하고 낚아채는 느낌이 있어요. 그래서 take a picture 하면 우리의 모습을 '홱 하고 빼내는 거'니까 '사진 찍다'가 되는 거예요.

I'll take you by cars.라는 문장을 생각해 봐요. 물론 '너를 빼앗을 거야'는 아니에요. '너를 차로 지금 장소에서 빼내 주겠다', 즉 '차로 데려다 주겠다'라는 뜻이에요.

● 다시 해석해 볼까요?

It takes three hours (to get there).
(거기에 도달하는 데) 세 시간이 걸린다.

EXERCISE ④③

[1단계] 주어에는 ○, 동사에는 △, 꾸밈말에는 ( ) 하세요.

1 We took a picture together.

2 He took us by his car.

3 She will take you to your room.

4 It takes 30 minutes to get home.

[2단계] take의 뜻에 주의하면서 해석해 보세요.

5 It took only a hour to get to the airport.

_____

6 He took us to our classroom.

_____

7 The man took a photograph of us.

_____

8 The storms took the lives of 100 people.

_____

9 How long does it take to get there?

_____

10 Take 5 from 12 and you're left with 7.

_____

11 The scientists are taking water samples from the river.

_____

[3단계] 다음 문장을 영어로 바꿔 보세요.

12 걸린다 / 세 시간이 / (도달하는 데 / 거기에)

_____

1 **took** take의 과거형
4 **minutes** 분

7 **photograph** 사진
8 The storms
   took
   the lives
   of 100 people
11 **sample** 샘플, 표본

go는 가다?

● 아래 문장을 해석해 보세요.

Everything goes smoothly.

▶ **혹시 이렇게 했나요?** 모든 것은 부드럽게 간다??

▶ **무엇이 문제인가요?** 모든 것이 바퀴가 달렸나요?

서울에
원숭이를
올려봐요.

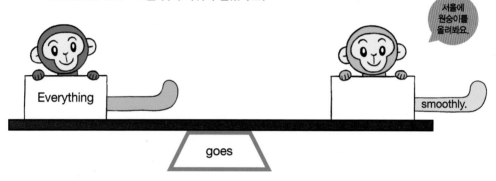

문제점 ▶ go를 무조건 '간다'라고 해석하면 안 돼요.

go는 '어떤 목표지로 움직인다'라는 뜻이 있어요. 그 목표가 좋든 안 좋든 말이에요. 위 문장에는 smoothly가 있으니까 좋은 쪽이겠죠. 그러니까 '모든 것이 잘 풀려간다'라고 해석하면 좋겠네요.

그럼 go bad는 무슨 뜻일까요? 이 표현은 음식과 관련된 표현에 많이 쓰이는데, 나쁜 쪽으로 가는 거니까 '상하다'가 되겠죠?

go가 '가다'라는 의미로 쓰였어도, 가는 곳이 자주 가는 곳이라면 '~에 다니다'라고 해석해야 해요.

● smoothly를 '부드럽게'라고 해석했네요. smoothly는 '부드럽게'가 맞지만 '순조롭게'라고 해석될 수도 있어요.

● 다시 해석해 볼까요?

Everything goes (smoothly).
모든 것이 (순조롭게) 풀려간다.

EXERCISE 44

[1단계]   주어에는 ○, 동사에는 △, 꾸밈말에는 ( ) 하세요.

1   He went to the room.

2   The milk went bad.

3   She doesn't go to church.

4   My homework is going well.

[2단계]   go의 뜻에 주의하면서 해석해 보세요.

5   Nothing goes well these days.

_____

6   He was going blind.

_____

7   My brother went to sleep.

_____

8   Sadly, my father is going bald.

_____

9   The pizza I bought three days ago went bad.

_____

10 My dog goes everywhere with me.

_____

11 The curtains go from top to bottom.

_____

[3단계]   다음 문장을 영어로 바꿔 보세요.

12 모든 것이 / 풀려간다 / (순조롭게)

_____

5 **these days** 요즈음
6 **blind** 눈먼
8 **bald** 대머리의
9 The pizza
   I bought three
   days ago
   went
   bad
11 **from A to B**
   A에서 B까지
   bottom 바닥

SECRET 45 come은 오다?

● 아래 문장을 해석해 보세요.

> ### The shirts come in black and white.

▶ **혹시 이렇게 했나요?** 그 셔츠는 검정색과 하얀색으로 안으로 들어 왔다??

▶ **무엇이 문제인가요?** 셔츠가 들어 올 수 있나요?

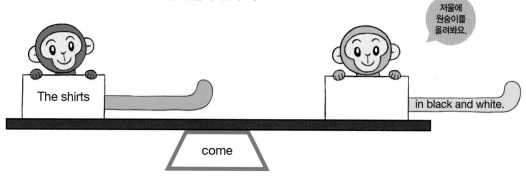

저울에 원숭이를 올려봐요.

The shirts

in black and white.

come

문제점 ▶ come을 무조건 '오다'라고 해석하면 안 돼요.

come은 '내 쪽으로 움직인다'라는 뜻이 있어요. 위의 문장에서도 셔츠가 내 쪽으로 움직이는 거예요. 그게 무슨 말이냐고요? 셔츠라는 제품이 그것을 입게 될 내게 온다는 거지요. 즉, '셔츠 제품이 나온다'는 얘기예요.

문제점 ▶ in을 '안으로'라고 해석했네요.

in 다음에 색깔이 나오면 그냥 '~ 색상으로'라고 해석해 주면 돼요.

● 다시 해석해 볼까요?

> ### The shirts come (in black and white).
> 그 셔츠는 (검정 색상과 하얀 색상으로) 나온다.

EXERCISE 45

[1단계] 주어에는 ○, 동사에는 △, 꾸밈말에는 ( ) 하세요.

1 He came from Spain.

2 The spring is coming.

3 The cap comes in blue.

4 She comes to school by subway.

[2단계] come의 뜻에 주의하면서 해석해 보세요.

5 The socks come in red and pink.

_____

6 Help came at last.

_____

7 Your dinner is coming soon.

_____

8 The lunch came to $5.

_____

9 A new jacket doesn't come cheap.

_____

10 The last report came after five hours.

_____

11 A good idea came to me when I entered the room.

_____

[3단계] 다음 문장을 영어로 바꿔 보세요.

12 그 셔츠는 / 나온다 / (검정 색상과 하얀 색상으로)

_____

6 help 도움의 손길
   at last 마침내

9 ▲ A new jacket
   ▲ doesn't come
   ▲ cheap

10 report 보고서

make는 만들다?

● 아래 문장을 해석해 보세요.

He will make it big.

▶ **혹시 이렇게 했나요?** 그는 그것을 크게 만들 것이다??

▶ **무엇이 문제인가요?** 그는 무엇을 만드는 사람인가요?

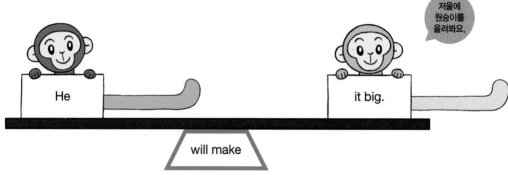

저울에 원숭이를 올려봐요.

문제점 ▶ make를 무조건 '만들다'라고 해석하면 안 돼요.

make는 '움직여서 결과를 만들어 내다'라는 뜻이 있어요. 위의 문장에서도 계속 움직여서 무언가를 만들어 내는 것이지요. 그게 뭐냐고요? 여기서는 열심히 움직여서 '성공'을 만들어 낸다는 뜻이에요. 마찬가지로 make her laugh라는 말은 열심히 노력해서 '그녀를 웃게 만들다'라는 말이죠.

문제점 ▶ it을 '그것을'이라고 해석했네요.

여기서 it은 특정한 것을 가리키는 말이 아니에요. make는 it과 함께 쓰여 '성공하다'라는 뜻을 가지고 있어요.

● 다시 해석해 볼까요?

He will make it big.
그는 크게 성공할 것이다.

EXERCISE ㊻

[1단계] 주어에는 ○ , 동사에는 △ 하세요.

1 They make books.

2 The man makes $3000 a month.

3 She always makes us laugh.

4 The smoke made me cough.

4 cough 기침하다

[2단계] make의 뜻에 주의하면서 해석해 보세요.

5 He never really made it as an singer.

_____

6 The young boy did his best to make it.

_____

7 These clothes make me look thinner.

_____

8 The news made her very sad.

_____

9 She's hoping to make it big on TV.

_____

10 We'll make it if we hurry.

_____

11 The girl makes the same mistakes all the time.

_____

6 **do one's best**
   최선을 다하다
7 **thinner** 더 날씬한
9 She
   is hoping
   to make it big
   on TV
10 **make it** 성공적으로
   도착하다
11 **mistake** 실수
   all the time 항상

[3단계] 다음 문장을 영어로 바꿔 보세요.

12 그는 / 성공할 것이다 / 크게

_____

SECRET 47 break는 깨다?

● 아래 문장을 해석해 보세요.

> # The day was breaking when I got home.

> ▶ **혹시 이렇게 했나요?** 내가 집에 돌아왔을 때 날이 깨지고 있었다??
> ▶ **무엇이 문제인가요?** 날이 병인가요? 깨지게~.

> 저울에
> 원숭이를
> 올려봐요.

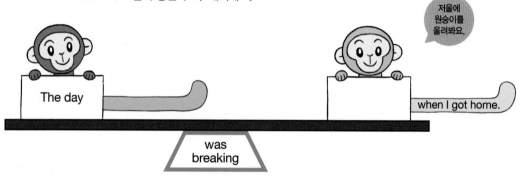

문제점 ▶ break를 무조건 '깨다'라고 해석하면 안 돼요.

break는 '원래 상태에서 다른 상태로 바뀌다'라는 의미예요. 하루에는 낮과 밤이 있잖아요. 위의 문장에서는 '낮(day)'으로 바뀌었다는 말이에요. 흔히 동이 튼다고 하지요. '쉬는 시간'을 뜻하는 break time도 '공부하는 상태'에서 '쉬는 상태'로 바뀌는 거고요. '법을 어기다'를 뜻하는 break the law도 '법을 지키는 상태'에서 '어기는 상태'로 바뀌는 거예요.

> ● day를 '날'이라고 해석했네요. day는 '날'이라는 뜻도 있지만, 여기서는 낮과 밤 중에 '낮'을 의미해요.

● 다시 해석해 볼까요?

> # The day was breaking (when I got home).
> (내가 집으로 돌아왔을 때) 동이 트고 있었다.

EXERCISE 47

[1단계] 주어에는 ○, 동사에는 △, 꾸밈말에는 ( ) 하세요.

1 He broke the window.

2 We had a coffee break.

3 The day broke while I studied English.

4 You must not break the law.

[2단계] break의 뜻에 주의하면서 해석해 보세요.

5 The day was breaking when I came to sleep.

_____

6 I want to break this $100 bill.

_____

7 We had break time after class.

_____

8 The Korean war broke out in 1950

_____

9 The window broke into pieces.

_____

10 She was breaking the speed limit.

_____

11 I broke all relationship with my friends.

_____

6 **bill** 지폐
9 **piece** 조각
    The window
   broke
   into pieces
10 **limit** 제한
11 **relationship** 관계

[3단계] 다음 문장을 영어로 바꿔 보세요.

12 동이 / 트고 있었다 / (내가 집에 돌아왔을 때)

_____

SECRET 48 — bring은 가져오다?

● 아래 문장을 해석해 보세요.

> ## What brings you here?

▶ **혹시 이렇게 했나요?** 너는 여기에 무엇을 가져왔니??

▶ **무엇이 문제인가요?** 해석이 너무 왔다 갔다 하네요.

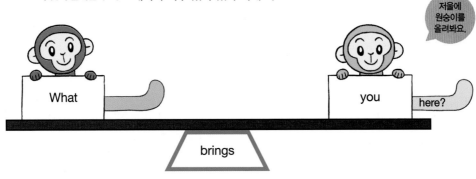

저울에 원숭이를 올려봐요.

문제점 ▶ bring을 무조건 '가져오다'라고 해석하면 안 돼요.

bring도 움직이는 것과 관련이 있어요. '멀리서 이쪽으로 누군가를 데려오는 느낌'의 말이에요. 그러니까 위의 bring you는 '너를 데려오다'라는 뜻이 돼요.

문제점 ▶ 주어를 잘못 찾았네요.

you는 주어가 아니에요. 맨 앞에 있는 what이 주어예요.

What brings (you) here? (×)   (What) brings you (here)? (○)

　　　　　　　　　　　　　　　　　　　　　　　 너를

　　　　　　　　　　　　　　　　 무엇이 데려왔니

● 다시 해석해 볼까요?

> ## (What) brings you (here)?
> 무엇이 너를 (여기로) 데려왔니?(여기 왜 왔니?)

EXERCISE 48

[1단계] 주어에는 ○, 동사에는 △ 하세요.

1 I will bring her home.

2 She brought a gift for him.

3 The woman brought something to drink.

4 What brought her home?

2 **brought** bring의 과거형

[2단계] break의 뜻에 주의하면서 해석해 보세요.

5 What brought you here?

_____

6 Can you bring your dog to me?

_____

7 I brought my mom to school.

_____

8 The news brought tears to her eyes.

_____

9 The bell brought a meeting to an end.

_____

10 His homework brought him a great grade.

_____

11 Laziness brings failure and disappointment.

_____

8 The news
  brought
  tears
  to her eyes
10 **grade** 점수
11 **laziness** 게으름
   failure 실패
   disappointment 실망

[3단계] 다음 문장을 영어로 바꿔 보세요.

12 무엇이 / 데려왔니 / 너를 / (여기로)

_____

SECRET 49

work는 일하다?

● 아래 문장을 해석해 보세요.

It works by wind power.

▶ **혹시 이렇게 했나요?** 그것은 바람의 힘으로써 일한다??

▶ **무엇이 문제인가요?** 그것(it)이 일한다는 것은 말이 안 돼요.

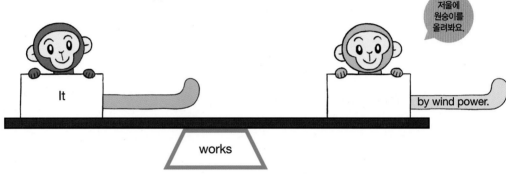

저울에 원숭이를 올려봐요.

It

by wind power.

works

문제점 ▶ work를 무조건 '일하다'라고 해석하면 안 돼요.

물론 work은 '일하다'란 뜻이에요. 그런데 사람이 아닌 것은 일한다고 안 해요. 사물은 '작동이 된다'고 표현해요. 또, 일해서 작동이 되게 하는 것은 '효과가 있다'는 뜻이기도 해요.

문제점 ▶ by를 '~로써'라고 했네요.

by는 '~에 의해서'라고 해석이 되기도 해요.

● 다시 해석해 볼까요?

It works (by wind power).

그것은 (바람의 힘에 의해서) 작동된다.

EXERCISE 49

[1단계] 주어에는 ○, 동사에는 △, 꾸밈말에는 ( ) 하세요.

1 He worked at the company.

2 My plan worked soon.

3 The car doesn't work right now.

4 She is working here as a doctor.

[2단계] work의 뜻에 주의하면서 해석해 보세요.

5 The ship works by motor.

_____

6 The machine works well in the warm weather.

_____

7 These pill will work for you.

_____

8 The medicine the doctor gave me was working.

_____

9 The man is working at the famous company.

_____

10 His smile doesn't work on me.

_____

11 Do you think the phone will work again?

_____

6 **weather** 날씨
7 **pill** 알약
8 **medicine** 약
10 🗿 His smile
    ⏏ doesn't work
    ↩ on me

[3단계] 다음 문장을 영어로 바꿔 보세요.

12 그것은 / 작동된다 / (바람의 힘에 의해서)

_____

SECRET 50 turn은 돌다?

● 아래 문장을 해석해 보세요.

> ## The heat turns milk.

▶ **혹시 이렇게 했나요?** 열은 우유를 돌린다??
▶ **무엇이 문제인가요?** 열이 돌린다는 것은 말이 안 돼요.

저울에 원숭이를 올려봐요.

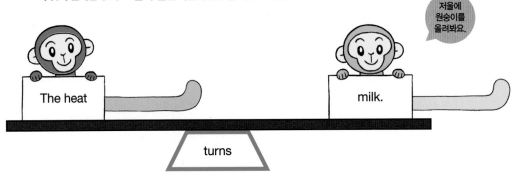

문제점 ▶ turn을 무조건 '돌리다'라고 해석하면 안 돼요.

turn은 '돌려서 변한다'라는 뜻이 있어요. 그런데 자신이 변하는 경우도 있고, 내가 아닌 다른 것을 변하게 하는 경우도 있어요. 위의 문장은 다른 것을 변하게 하는 경우에요. turns milk는 우유의 상태가 변하게 하는 것이니 '상한다'는 뜻이에요.

문제점 ▶ heat을 '열'이라고 했네요.

heat는 '열'이라는 뜻 외에 '더위'라는 뜻도 있어요.

● 다시 해석해 볼까요?

> ## The heat turns milk.
> 더위는 우유를 상하게 한다.

150

EXERCISE ㊿

[1단계] 주어에는 ○, 동사에는 △, 꾸밈말에는 ( ) 하세요.

1 I turned the key.

2 Hot weather turned the cream cake.

3 The weather has turned hot.

4 The earth turns around the sun.

[2단계] turn의 뜻에 주의하면서 해석해 보세요.

5 The heat in the kitchen turned cheese.

_____

6 The top is turning around fast.

_____

7 The leaves are turning red.

_____

8 My friend turned his head away.

_____

9 He turns into another person while driving.

_____

10 The wheels of the car began to turn.

_____

11 The man is a teacher turned famous poet.

_____

[3단계] 다음 문장을 영어로 바꿔 보세요.

12 더위는 / 상하게 한다 / 우유를

_____

6 **top** 팽이
9 He
   turns
   into another
   person while driving
10 The wheels
   of the car
   began
   to turn
11 The man
   is
   a teacher
   turned famous
   poet

REVIEW 9

1 다음의 영어 표현과 같은 뜻을 찾아 서로 이으세요.

take time •   • 성공하다

make it •   • 작동되다

work •   • 바뀌다

turn •   • 시간이 걸리다

2 다음의 뜻에 맞게 주어진 단어를 저울 안 빈칸에 알맞게 넣으세요.

나는 당신의 이름을 알고 싶습니다.

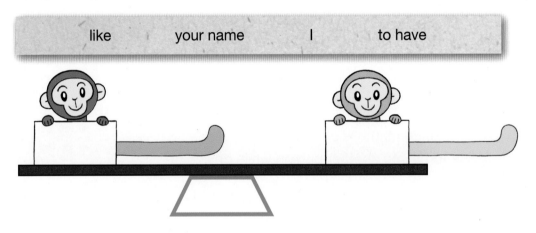

like   your name   I   to have

내전은 결국 발발하였다.

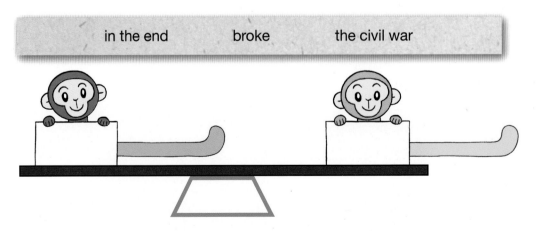

in the end   broke   the civil war

PART 5에서는 동사의 숨어 있는 의미를 배웠어요.
배운 내용을 잘 기억하면서 복습해 봅시다.

3 다음 문장에서 주어에는 ○, 동사에는 △, 꾸며주는 말에는 ( )를 그려 넣고, 해석해 보세요.

1. Let me have your umbrella for 30 minutes.

2. I got the prize from the contest.

3. She took me to the library.

4. The bread went bad.

5. The dinner came to $10.

6. He made her unhappy.

7. The day was breaking when I arrived there.

8. Her work brought her a award.

9. The computer worked well at that time.

10. Hot weather turned the milk.

REVIEW 10 NEAT

1 What is the best title for the passage?

난이도 ★

A human baby can not walk right (after birth). It takes much time to walk upright. But animals can walk very quickly. It only takes 20 minutes for baby giraffes to walk. They have to keep themselves (from strong animals) (like lions). So they need quick walking.

a. The human walking
b. Dangerous animal
c. The life of giraffes
d. The reason for animal to walk quickly

단어 익히기

birth 명 태어남, 태생	**upright** 뷔 똑바로	**quickly** 뷔 빨리
nap 명 낮잠	**continually** 뷔 끊임없이	**severe** 가혹한
type 명 종류	**scare** 동 무섭게하다	**thunderstorm** 명 폭풍우

2 What is the best title for the passage? 난이도 ★★

My father does not like movies. He always takes a nap on the sofa on weekend. One day I continually asked my father to take me to the movie theater. To my surprise, it worked. After all, he brought me there yesterday. I made it.

a. How asking works.

b. Weekend Life.

c. My father does not like movies.

d. The movie theater.

3 What is the best title for the passage? 난이도 ★★★

The weather is not beautiful all of the year. Severe weather often comes to us. Which weather are you afraid most? One type of bad weather that scares me is thunderstorms. It is really terrible and harmful. It takes many things, even our lives. Also, I really hate the severe hot weather. First, food is not safe. The heat turns food I like, including milk.

a. The terrible thunderstorm

b. Weather which I hate

c. The reasons I hate the hot weather

d. Severe weather

PART 6

이건 만날 헷갈려!
확실한 뜻을 찾아라!

SECRET 51 — most / the most / almost

● 아래 문장을 해석해 보세요.

> **Most people think he has the most money.**

▶ **혹시 이렇게 했나요?** 가장 많은 사람들은 그가 가장 많은 돈을 가지고 있다고 생각한다??

▶ **무엇이 문제인가요?** most가 들어간 말이 헷갈리는군요.

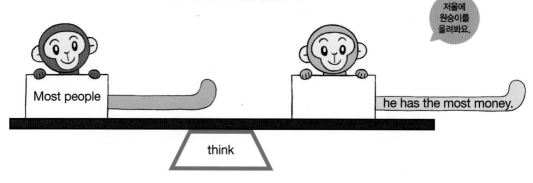

저울에 원숭이를 올려봐요.

문제점 ▶ most를 무조건 '가장 많은'이라고 해석하면 안 돼요.

most는 '대부분'이라는 뜻이고 the most는 '가장 많은'이라는 뜻이에요. 그러면 the most beautiful은 뭐라고 해석해야 할까요? '가장 많은 아름다운'이 아니라 '가장 아름다운'이라고 해석해요.

> <u>Most people</u> think he has <u>the most money.</u>
> 　대부분의 사람들　　　　　　　　　　　가장 많은 돈

● most와 모양이 비슷한 almost는 '거의'라는 뜻이에요.

● 다시 해석해 볼까요?

> Most people think he has the most money.
> 대부분의 사람들은 그가 가장 많은 돈을 가지고 있다고 생각한다.

EXERCISE ㉛

[1단계] 주어에는 ○, 동사에는 △, 꾸밈말에는 ( ) 하세요.

1 I like most fruit.

2 Mary ate the most food.

3 I like almost all of them.

4 She is the most beautiful girl.

[2단계] most의 뜻에 주의하면서 해석해 보세요.

5 Most students think they have the most homework.

_____

6 Breakfast is almost ready.

_____

7 Most music gives me happy energy.

_____

8 Most girls feel the movie is almost scary.

_____

9 That is the most boring movie I have ever seen.

_____

10 I spent the most time on the first question.

_____

11 She got the most votes in the end.

_____

6 **ready** 준비된
8 **scary** 무서운
9 🔺 That
   🔻 is
   🔹 the most boring movie
   ↪ I have ever seen
10 **spent** (시간을) 사용했다
11 **vote** 투표, 득표

[3단계] 다음 문장을 영어로 바꿔 보세요.

12 대부분의 사람들은 / 생각한다 / 그가 / 가지고 있다고 / 가장 많은 돈을

_____

SECRET 52 few / a few / little / a little

● 아래 문장을 해석해 보세요.

Few friends came to me.

▶ 혹시 이렇게 했나요?   몇몇의 친구들이 나에게 왔다??
▶ 무엇이 문제인가요?   정말 친구가 몇 명 왔다는 이야기일까요?

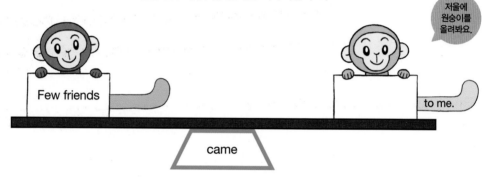

저울에 원숭이를 올려봐요.

문제점 ▶ few를 '몇몇의'라고 해석하면 안 돼요.

few와 a few는 의미가 달라요. 위 문장에서 few는 '왔긴 왔는데 거의 안 왔다'는 말이에요. 만약 a few라면 '좀 왔다'는 말이고요. 그래서 few로 시작하는 말은 부정으로 해석해야 돼요.

- few / a few + 셀 수 있는 명사 (명사 끝에 s가 붙음)
- little / a little + 셀 수 없는 명사 (명사 끝에 s가 안 붙음)

Few friends came to me.
친구들이 거의 오지 않았다. ← 부정적인 의미

A few friends came to me.
몇몇의 친구들이 왔다. ← 긍정적인 의미

little과 a little도 비슷해요. little은 부정적인 의미, a little은 긍정적인 의미이지요.

● 다시 해석해 볼까요?

Few friends came to me.
친구들이 내게 거의 오지 않았다.

160

EXERCISE 52

[1단계] 주어에는 ○ , 동사에는 △ 하세요.

1 A few people know that.

2 I need a little milk.

3 She need little help.

4 Luckily he has few problems.

1 **people** 사람들, person 사람

3 **help** 도움(셀 수 없는 명사)

4 **problem** 문제

[2단계]   few, a few, little, a little의 뜻에 주의하면서 해석해 보세요.

5 She has few friends.

_____

6 She has a few friends.

_____

7 I have little money.

_____

8 I have a little money.

_____

9 She has little time for other things.

_____

10 Sadly they have a few problems.

_____

11 We have a little time before the bus leaves.

_____

7 **money** 돈(셀 수 없는 명사)

11 We
   have
   a little time
   before the bus leaves

[3단계]   다음 문장을 영어로 바꿔 보세요.

12 친구들이 / 거의 오지 않았다 / 내게

_____

161

though / through / thorough / although

● 아래 문장을 해석해 보세요.

He has a thorough knowledge through study.

▶ **혹시 이렇게 했나요?** 그는 지식을 가지고 있지만 공부했다??

▶ **무엇이 문제인가요?** 단어가 비슷해서 구별이 잘 안 돼죠?

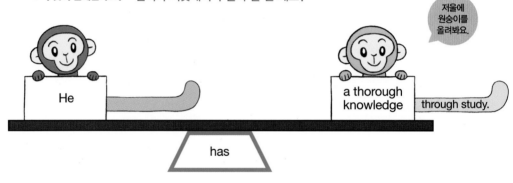

저울에 원숭이를 올려봐요.

He

a thorough knowledge

through study.

has

문제점 ▶ though와 헷갈리고 있군요.

though, through, thorough는 모양은 비슷하지만 의미가 달라요. 먼저 though는 '~지만'이라는 뜻이에요. although는 though와 같은 뜻이고요(SECRET 25 참조). through는 '~을 통해, ~을 통과하여'이고, thorough는 '철저한, 완벽한'이라는 뜻이에요.

> ● thorough에 ly를 붙인 thoroughly는 '철저하게'라는 뜻이에요.

He has <u>thorough</u> knowledge <u>through</u> study.
완벽한 ~통해

● 다시 해석해 볼까요?

He has a thorough knowledge (through study).

그는 (학업을 통해) 완벽한 지식을 가지고 있다.

 **EXERCISE ❸**

[1단계]   주어에는 ○, 동사에는 △, 꾸밈말에는 ( ) 하세요.

1   She will not live through the night.

2   She's very thorough about her job.

3   The restaurant needs a thorough check.

4   The burglar got in through the window.

4   **burglar** 강도

[2단계]   though, through, thorough, although의 뜻에 주의하여 해석해 보세요.

5   He has a thorough knowledge about English.

_____

6   The Han River flows through Seoul.

_____

7   Though she was sleepy, she had to study hard.

_____

8   We need a thorough medical checkup.

_____

9   He drove through a red light.

_____

6   **flow** 흐르다

8   **medical checkup** 의료 정밀검사

10 Although he seems happy, he has many problems.

_____

11 He is always thorough about everything.

_____

10 Although he seems happy,
   he
   has
   many problems

11 He
   is
   always thorough
   about everything

[3단계]   다음 문장을 영어로 바꿔 보세요.

12 그는 / 가지고 있다 / 완벽한 지식을 / (학업을 통해)

_____

SECRET 54 with / within / without

● 아래 문장을 해석해 보세요.

> # I can go with him within an hour without you.

▶ **혹시 이렇게 했나요?** 나는 네가 1시간만 없으면 그와 같이 갈 수 있다??

▶ **무엇이 문제인가요?** with랑 헷갈리지 말아요.

저울에 원숭이를 올려봐요.

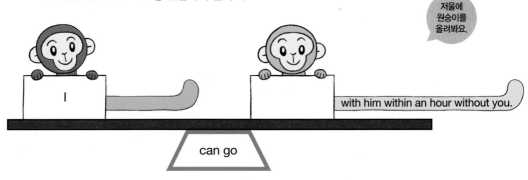

문제점 ▶ with는 '~와 함께'지만 뒤에 뭐가 붙으면 뜻이 변해요.

with는 '~와 함께'라는 뜻이 있어요. 뒤에 in이 붙은 within은 '어떤 시간 이내에' 혹은 '어떤 장소 이내에'라는 뜻이에요. 또 뒤에 out이 붙은 without은 '~없이'라는 뜻이고요.

> I can go (with him within an hour without you).
> ~함께   이내에   ~없이

● with는 '~와 함께'라는 뜻 이외에 '~을 가진'이라는 의미도 있어요.

● 다시 해석해 볼까요?

> # I can go (with him within an hour without you).
> 나는 (너 없이도 한 시간 내에 그와 함께) 갈 수 있다.

164

EXERCISE 54

[1단계]   주어에는 ○, 동사에는 △, 꾸밈말에는 ( ) 하세요.

1   He stayed with me for three hours.

2   It is within walking distance.

3   He found the place without any help.

4   He left without saying goodbye.

2 distance 거리
4 ⤷ without saying goodbye

[2단계]   with, within, without의 뜻에 주의하면서 해석해 보세요.

5   I can go there within an hour without your help.

_____

6   She was within a few meters of me.

_____

7   I will meet the girl with red hair within a week.

_____

8   Don't go outside without your umbrella.

_____

9   You should give me back within two days.

_____

10 I can do it within three days without asking you.

_____

11 She went to buy a jacket with a hood without her mother.

_____

10 ♟ I
   ◣ can do
   ♟ it
   ⤷ within three days without asking you

11 ♟ She
   ◣ went
   ♟ to buy a jacket
   ⤷ with a hood without her mother

[3단계]   다음 문장을 영어로 바꿔 보세요.

12 나는 / 갈 수 있다 / (그와 함께 / 한 시간 내에 / 너 없이도)

_____

SECRET 55 in / into / inside / inner

● 아래 문장을 해석해 보세요.

> ## He drove into the inner London in England.

▶ **혹시 이렇게 했나요?** 그는 영국 런던에 들어가려고 운전했다??

▶ **무엇이 문제인가요?** in이 들어가는 단어가 세 개인데 모두 '안'이라고 해석하면 되나요?

> 저울에 원숭이를 올려봐요.

문제점 ▶ into와 inner의 의미가 정확하지 않네요.

> ● inner는 '내부의'라는 의미가 있어요. inside 는 '안쪽' 혹은 '이내에'라는 뜻이 있어요.

in이 들어간 단어는 기본적으로 '~안'과 관련이 있어요.
〈in+장소〉는 '~안에'라는 뜻이에요.(어떤 공간 안에 들어가는 것을 말해요.)
〈in+시간〉은 '~후'에 라는 뜻이에요.(시간이 지난 후를 가리키지요.)
into는 움직임과 관련 있어요. '안쪽으로 들어간다'는 뜻인데요, '움직여서 변화나 결과를 가져오는 느낌'이 있는 단어예요.

He drove into the inner London in England.
운전해 들어갔다   내부로   ~ 안에 있는

● 다시 해석해 볼까요?

> ## He drove (into the inner London in England).
> 그는 (영국에 있는 런던 내부로) 운전해서 들어갔다.

EXERCISE ㉟

[1단계] 주어에는 ○, 동사에는 △, 꾸밈말에는 ( ) 하세요.

1 He ran into the house.

2 I have a house in the city.

3 We stayed inside the building.

4 I like her inner beauty.

[2단계] in, into, inside, inner의 뜻에 주의하면서 해석해 보세요.

5 He ran on the inner circle on the track.

_____

6 I will meet her in five hours at the restaurant.

_____

7 The beautiful earings were inside the box.

_____

8 She translated this sentence into English.

_____

9 I will finish my homework inside three hours.

_____

10 I will make Bill into a good student.

_____

11 She broke the candy into three pieces.

_____

[3단계] 다음 문장을 영어로 바꿔 보세요.

12 그는 / 운전해서 들어갔다 / (런던 내부로 / 영국에 있는)

_____

8 **translate** 번역하다
   sentence 문장

10 I
   will make
   Bill
   into a good
   student

11 **piece** 조각

● 아래 문장을 해석해 보세요.

She ran out of the outside toilet.

▶ **혹시 이렇게 했나요?** 그녀는 화장실 밖으로 뛰어 나갔다??

▶ **무엇이 문제인가요?** 해석에서 뭔가 빠진 게 있네요.

저울에
원숭이를
올려봐요.

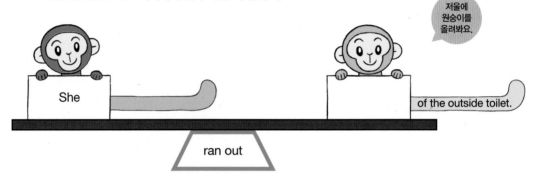

문제점 ▶ 여기서는 outside가 '밖으로'라는 뜻이 아니에요.

outside는 '바깥쪽, 밖으로' 등으로도 해석되지만 여기서는 명사 toilet 을 꾸며주는 말이에요.

● out은 '밖으로' 혹은 '밖에 있는'이라는 의 미가 있어요. outer는 '외부의'라는 의미가 있어요.

outside toilet
바깥에 있는 화장실 → 옥외 화장실

out of도 into와 마찬가지로 움직임과 관련이 있어요. 우선 '안에서 바깥쪽으로 나간다'는 의미 가 있고요. '움직여서 이전 것에서부터 성질이 변한다'는 느낌이 있는 단어예요.

A into B A에서 B로 변하다   A out of B B에서 A로 변하다

● 다시 해석해 볼까요?

She ran out (of the outside toilet).
그녀는 (외부 화장실에서부터) 달려 나왔다.

EXERCISE 56

[1단계] 주어에는 ○, 동사에는 △, 꾸밈말에는 ( ) 하세요.

1 She called out.

2 He was out of the room.

3 She heard a voice in the outer room.

4 He climbed out of the water.

[2단계] out, out of, outside, outer의 뜻에 주의하면서 해석해 보세요.

5 He came out of the outside building.

_____

6 I want to go to outer space someday.

_____

7 It is the art of making a pot out of clay.

_____

8 He drove out of America into Canada.

_____

9 Let's go out this evening.

_____

10 The girl ran out into the road.

_____

11 I walked around the outside of the building.

_____

[3단계] 다음 문장을 영어로 바꿔 보세요.

12 그녀는 / 달려 나왔다 / (외부 화장실에서부터)

_____

4 climb 오르다

6 **outer space** 바깥 공
간 → 우주

10 The girl
ran out
into the road

SECRET 57 — other / others / the other / the others / another

● 아래 문장을 해석해 보세요.

> # When he left, the others did too.

▶ **혹시 이렇게 했나요?** 그가 떠났을 때 다르게 했다??

▶ **무엇이 문제인가요?** other가 들어간 말을 정확히 모르는군요.

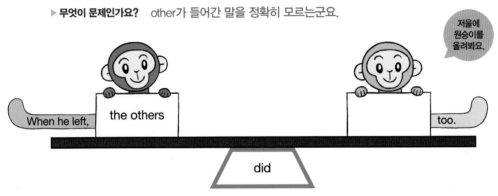

저울에 원숭이를 올려봐요.

문제점 ▶ the others를 '다르게'라고 해석했네요.

other가 들어가면 기본적으로 '다른'이라는 뜻이 있어요. other는 사람이나 사람이 아닌 경우 모두에 쓰이죠. 아래 그림을 보면서 정확한 뜻을 살펴봐요.

the other 나머지 하나

○ ●
one the other
하나 나머지 하나

the others 나머지들

○ ● ●
one the others
하나 나머지들

another 다른 하나

○ ● ○
one another the other
하나 다른 하나 나머지 하나

others 다른 것들

○ ● ● ○ ○
one others the others
하나 다른 것들 나머지들

● 다시 해석해 볼까요?

> # (When he left), the others did too.
> (그가 떠났을 때), 나머지 사람들도 역시 그렇게 했다.

EXERCISE 57

[1단계]   주어에는 ○, 동사에는 △, 꾸밈말에는 ( ) 하세요.

1 She wanted another candy.

2 One is white, and the other is black.

3 You have to be kind to others.

4 The dog was not different from the other dogs.

[2단계]   other, others, the other, the others, another의 뜻에 주의하면서
해석해 보세요.

5 He ran faster than the others.

_____

6 One of the twins is ugly, and the other is pretty.

_____

7 One is red, another is yellow, and the others are blue.

_____

8 We are better than other people.

_____

9 May I have another piece of pie?

_____

10 One is a tiger and others are lions and cheetahs.

_____

8 ♟ We
  ♟ are
  ♟ better
  ⤵ than other
people

[3단계]   다음 문장을 영어로 바꿔 보세요.

11 (그가 떠났을 때), / 나머지 사람들도 / 그렇게 했다 / 역시

_____

late / lately / later / latter

● 아래 문장을 해석해 보세요.

I have been late for school lately.

▶ **혹시 이렇게 했나요?** 나는 늦게 학교에 늦었다??

▶ **무엇이 문제인가요?** 늦었다는 말을 두 번이나 하니까 어색하죠?

저울에
원숭이를
올려봐요.

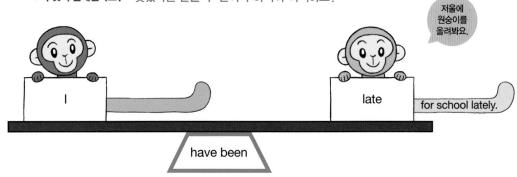

I   late   for school lately.

have been

문제점 ▶ lately를 '늦게'라고 해석했네요.

● have been은 '~한 적
이 있다'는 뜻이에요.

lately는 '늦게'가 아니고 '최근에'라는 뜻이에요. 그럼 '늦게'는 뭐냐고
요? late가 '늦은'도 되고 '늦게'도 된답니다.
이와 비슷한 모양을 가지고 있는 단어를 더 알아볼까요? later는 '나중에'라는 뜻이고요. latter
는 '후자(뒤의 것)'라는 뜻과 '후반의'라는 뜻이 있어요.

I have been <u>late</u> (for school) (<u>lately</u>).
　　　　　　　늦은　　　　　　　　최근에

● 다시 해석해 볼까요?

I have been late (for school) (lately).

나는 (최근에) (학교에) 늦은 적이 있다.

EXERCISE 58

[1단계] 주어에는 ○, 동사에는 △, 꾸밈말에는 ( ) 하세요.

1 I have been to America lately.

2 He came home late.

3 She will go to Canada later.

4 Of the two the latter is better.

[2단계] late, lately, later, latter의 뜻에 주의하면서 해석해 보세요.

5 I have seen her lately.

_____

6 I have heard about you lately.

_____

7 Why are you so late?

_____

8 They arrived at the school late.

_____

9 She met him two years later.

_____

10 In the latter years of his life, he lived alone.

_____

11 Of the two, the former is better than the latter.

_____

[3단계] 다음 문장을 영어로 바꿔 보세요.

12 나는 / 늦은 적이 있다 / (학교에) / (최근에)

_____

8 **arrive** 도착하다
9 She
   met
   him
   two years later
10 **latter year** 후반의 해
   → 말년
   alone 홀로
11 **former** 전자

173

SECRET 59 — lie / lay / lying / laying

● 아래 문장을 해석해 보세요.

> ## The hens are not laying well.

▶ **혹시 이렇게 했나요?** 그 암탉은 잘 눕지 않는다??

▶ **무엇이 문제인가요?** 암탉이 고민이 많은가 보죠?

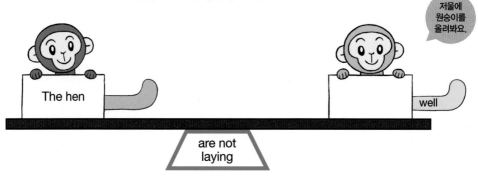

저울에 원숭이를 올려봐요.

The hen

well

are not laying

문제점 ▶ laying을 '눕다'라고 해석했네요.

> ● lie(눕다)가 과거형이 되면 lay가 되니까 혼동하지 마세요. lie는 '거짓말하다'라는 뜻 도 있어요.

laying은 lay에 ing를 붙인 거예요. lay는 '~을 놓다, (알을) 낳다'라는 뜻이지요.
이와 비슷한 모양인 lie가 '~에 눕다'예요. 그런데 lie에 ing가 붙으면 lying로 변하는 것에 조심하세요.

The hens are not laying (well).
<u>알을 낳다</u>

lie - lay - lain 눕다   lay - laid - laid ~을 놓다. (알을) 낳다

● 다시 해석해 볼까요?

> ## The hens are not laying (well).
> 그 암탉들은 알을 (잘) 낳지 않는다.

[1단계]   주어에는 ○ , 동사에는 △ , 꾸밈말에는 ( ) 하세요.

1   She laid the baby down.

2   They are lying on the sand.

3   She wanted to lay the cup there.

4   The woman is laying a book on the bench.

[2단계]   lie, lay, lying, laying의 뜻에 주의하면서 해석해 보세요.

5   The bird is laying quietly.

_____

6   He laid the baby down on the bed.

_____

7   I don't want to lie to you.

_____

8   Hen laid a golden egg every day.

_____

9   Mary is lying on her back.

_____

10 Lie on your right side, please.

_____

11 I have a headache and need to lie down.

_____

[3단계]   다음 문장을 영어로 바꿔 보세요.

12 그 암탉들은 / 않는다 / 알을 (잘) 낳지

_____

5 **quietly** 조용히
8 **golden egg** 황금알
9 Mary
   is lying
   on her back
10 **right side** 오른쪽
11 **headache** 두통

● 아래 문장을 해석해 보세요.

Her face rose to his mind.

▶ **혹시 이렇게 했나요?** 그녀의 얼굴은 그의 마음에 장미다??

▶ **무엇이 문제인가요?** 주어 다음에 동사가 온다는 사실을 잊으면 안 돼요.

저울에 원숭이를 올려봐요.

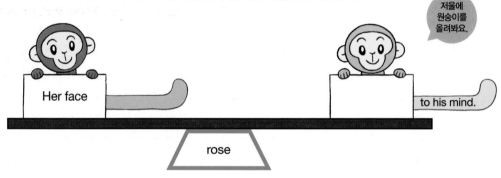

Her face   rose   to his mind.

문제점 ▶ rose를 '장미'라고 해석했네요.

rose는 명사일 때 '장미'라는 뜻이 맞아요. 그런데 주어 다음에 오는 동사일 때는 rise(떠오르다)의 과거예요.

Her face rose (to his mind).

rise – rose(과거) – risen(과거분사)

이와 비슷한 형태인 raise(raise – raised – raised)는 '~을 올리다'라는 뜻이에요.

> ● arise(arise – arose – arisen)는 '생기다, 발생하다'라는 뜻이에요.

● 다시 해석해 볼까요?

Her face rose (to his mind).

그녀의 얼굴이 (그의 마음에) 떠올랐다.

EXERCISE 60

[1단계] 주어에는 ○, 동사에는 △, 꾸밈말에는 ( ) 하세요.

1 The sun rises in the east.

2 They wanted to raise their prices.

3 Many car accidents arose these days.

4 Raise your arms over your shoulders.

3 these days 요즈음

[2단계] rise, rose, raise, arise의 뜻에 주의하면서 해석해 보세요.

5 She rose and began to pack her bag.

_____

6 Every rose has its thorns.

_____

7 Smoke was rising from the chimney.

_____

8 Bad results may arise from this.

_____

9 He raised a hand in greeting.

_____

10 The sun rose above the horizon.

_____

11 She raised her grades by being a very diligent student.

_____

6 thorn 가시
7 chimney 굴뚝
8 result 결과
9 greeting 인사
 He
raised
a hand
in greeting
10 horizon 지평선

[3단계] 다음 문장을 영어로 바꿔 보세요.

12 그녀의 얼굴이 / 떠올랐다 / (그의 마음에)

_____

REVIEW 11

1 다음의 영어 표현과 같은 뜻을 찾아 서로 이으세요.

thorough	•		•	거의 없다
lately	•		•	~을 들다
raise	•		•	최근에
few	•		•	철저한

2 다음의 뜻에 맞게 주어진 단어를 저울 안 빈칸에 알맞게 넣으세요.

그는 그의 반에서 가장 건강한 소년이다.

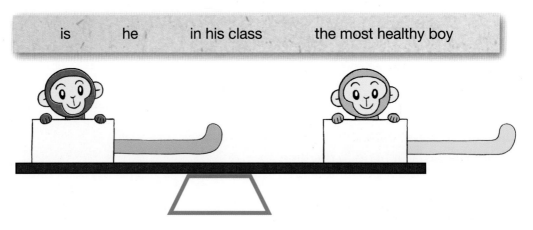

is   he   in his class   the most healthy boy

나는 캐나다에 있는 밴쿠버 안쪽을 향해 뛰어 들어갔다.

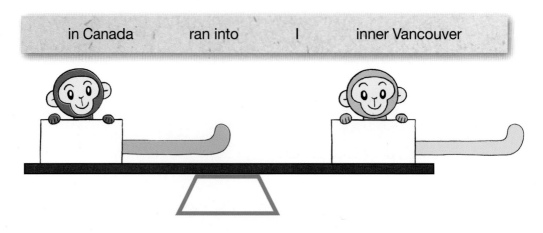

in Canada   ran into   I   inner Vancouver

PART 6에서는 헷갈리는 단어를 정리해서 배웠어요.
배운 내용을 잘 기억하며 복습해 봅시다.

3 다음 문장에서 주어에는 ○, 동사에는 △, 꾸며주는 말에는 ( )를 그려 넣고, 해석해 보세요.

1. Most students are good in the class.

2. Few people know the news.

3. I learned the knowledge through study.

4. I can not go there without you.

5. She broke the bar into three pieces.

6. His dream is to go to outer space.

7. One is my brother, and the other is my sister.

8. I have seen a tiger at the zoo lately.

9. The hen laid very pretty eggs.

10. Raise your hand, please.

REVIEW 12 NEAT

1 Which does NOT agree with the table.

난이도 ★

Items	Size	Price
Notebook	Small	$1.90
Notebook	Big	$2.50
Eraser	Small	$1.50
Eraser	Big	$1.95

a. The Big notebook is the most expensive.

b. The small eraser is the cheapest.

c. All items are within two dollars.

d. The big eraser is within two dollars.

단어 익히기

table 명 표	**item** 명 품목	**expensive** 형 비싼	**cheap** 형 값싼

180

이제 배운 내용을 잘 활용해서 NEAT(국가영어능력평가) 문제를 풀어보세요.
유형 소개를 잘 읽어 보고 차분하게 연습해 봅시다.

2   Which does agree with the information?   난이도 ★★

> ### Come to the KD Center.
>
> ◆ Want to learn English? We offer classes from elementary to adult.
>   10:00am ~ 12:00pm: Adult class
>   3:00pm ~ 10:00pm: Student class
>
> ❖ All classes begin the first day of the month.
>   The KD Center is for people of all ages! We're open Monday
>   to Friday from 10:00 a.m. to 10:00 p.m.

a. They offer three language programs.

b. There is no adult program.

c. They close at 10am.

d. Classes begin the first day of the month.

3   Which does agree with the chart?   난이도 ★★★

This chart shows the result of a survey that asked 100 students what they want to be most.

What Do You Want to be Most?

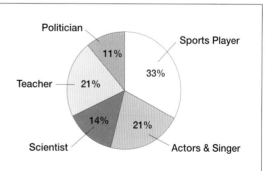

a. A few students want to be a sports player.

b. Students want to be a teacher most.

c. Scientist is the most famous job.

d. The percentage of actor and singer is within 25.

ANSWER

정답이 뭐야?
영어가 쉬워지는 정답편

▶ 정답에서 주어는 빨간색으로, 동사는 파란색으로, 꾸밈말은 ( )으로 표시하였습니다.

EXERCISE ❶
P.29

1단계

1. Countries (in Africa) are usually hot.
   아프리카에 있는 나라들은 보통 덥다.

2. The flies (on the ceiling) stay calm.
   천장 위에 있는 파리들이 조용히 있다.

3. The weather (in Siberia) is very cold.
   시베리아의 날씨는 매우 춥다.

4. Three (of ten) lost the money.
   열 명 중 세 명은 돈을 잃어버렸다.

2단계

5. 그 상자 안에 있는 공들은 좋아 보인다.
6. 노란 모자를 쓴 여자는 매우 아름답다.
7. 그 스포츠의 우승자는 내 사촌이다.
8. 세계에서 온 사람들이 가난한 사람들을 도왔다.
9. 내 집 근처에 있는 그 도서관은 매우 크다.
10. 저것은 일본산 초콜릿이다.
11. 그녀는 그녀의 반에서 가장 똑똑한 소녀이다.

3단계

12. The queen in a white dress looks good.

EXERCISE ❷
P.31

1단계

1. The man (driving the red car) is my father.
   빨간차를 운전하고 있는 그 남자는 나의 아빠다.

2. A man (having brilliant skills) can do any work.
   뛰어난 기술을 가진 남자는 어떤 일이라도 할 수 있다.

3. The dog (barking) is my dog.
   짖고 있는 그 개는 내 개다.

4. The teacher (showing the graph) is my math teacher.
   그래프를 보여주고 있는 선생님은 나의 수학 선생님이다.

2단계

5. 중국어를 공부하고 있는 몇몇의 학생들이 우리 학교에 다닌다.
6. 의자에 앉아 있는 그 소년과 나는 같은 학교에 다녔다.
7. 벤의 집에 머물고 있는 그 소년이 우리 집에 왔다.
8. 제인 옆에서 먹고 있는 그 소녀는 나의 사촌이다.
9. 운동장에서 달리고 있는 그 소년은 나의 친구이다.
10. 나는 스페인어를 공부한 그 학생을 안다.
11. 내 사촌은 그 책을 읽고 있는 그 소녀를 좋아한다.

3단계

12. The girl reading the book goes to the school.

EXERCISE ❸
P.33

1단계

1. The woman (surprised by the news) is my mother.
   그 뉴스에 놀란 여자는 나의 어머니이다.

2. The pen (made in Korea) has good quality.
   한국에서 만든 그 펜은 품질이 좋다.

3. The novel (written by James) is very interesting.
   제임스에 의해 쓰여진 그 소설은 매우 재미있다.

4. The bridge (broken in the accident) was a new one.
   그 사고로 부수어진 다리는 새 것이었다.

2단계

5. 잭이라고 불리는 그 소년은 그녀를 사라라고 불렀다.
6. 파티에 초대된 학생들은 그를 미스터 한이라고 불렀다.
7. 피터라고 불리는 그 선생님은 여기를 떠날 것이다.
8. 어제 도난당한 그 책은 내 것이다.
9. 그 남자에 의해 사용된 그 도구는 오래된 것이다.
10. 저것은 나의 선생님에 의해 쓰인 책이다.
11. 나의 엄마는 베티라고 불리는 소녀를 만났다.

3단계

12. The woman, called Mary, called the baby Mark.

1단계

1. The plan (to save money) will succeed.
돈을 모으려는 계획은 성공할 것이다.

2. The way (to learn English) is simple.
영어를 배우는 방법은 간단하다.

3. The plan (to stop killing animals) was very brave.
동물들은 죽이는 것을 멈추려는 계획은 매우 용감했다.

4. Her dream (to become a singer) was not changed.
가수가 되려는 그녀의 꿈은 변하지 않았다.

2단계

5. 읽으려는 책이 깨끗한 책장 위에 있다.

6. 기억해야 할 것은 매우 명확했다.

7. 여기를 떠나려는 나의 생각이 바뀌었다.

8. 해야 할 숙제가 너무 많다.

9. 그 대학교에 가려는 나의 계획은 명확하다

10. 나는 언젠가 과학자가 되려는 계획을 가지고 있다.

11. 그녀는 그 나라의 대통령이 된 첫 번째 여성이다.

3단계

12. His dream to be a doctor was clear.

1단계

1. The boy (late for school) is my brother.
학교에 늦은 그 소년은 나의 형제이다.

2. The writer (famous for his novel) visited to my school.
그의 소설로 유명해진 그 작가는 나의 학교를 방문했다.

3. The street (full of trash) is a big problem.
쓰레기로 가득 찬 그 거리는 큰 문제이다.

4. The men (good at basketball) are usually tall.
농구를 잘하는 그 남자들은 보통 키가 크다.

2단계

5. 많은 사람들로 가득 찬 그 방은 시끄럽다.

6. 그들 자신에게 자부심을 갖는 학생들은 높은 점수를 얻는다.

7. 일본에서 아픈 그 소녀는 한국으로 돌아왔다.

8. 우리의 건강에 좋은 음식이 항상 비싼 것은 아니다.

9. 깨끗한 물로 가득 찬 그 강은 우리의 희망일 것이다.

10. 그녀는 에너지가 가득 찬 학생들을 만났다.

11. 나는 아름다운 항구로 유명한 그 도시를 좋아한다.

3단계

12. The baskets full of candies were everywhere.

1단계

1. The person (who is very rich) has a good car.
매우 부자인 그 사람은 좋은 차를 가지고 있다.

2. The country (which looks like a boot) is Italy.
부츠처럼 보이는 그 나라는 이탈리아이다.

3. George (who is my best friend) is very kind.
나의 최고의 친구인 조지는 매우 친절하다.

4. The woman (who lives next door) is a doctor.
이웃집에 사는 그 여자는 의사이다.

2단계

5. 우리가 어제 만났던 그 남자는 나에게 그를 불러달라고 요청했다.

6. 키가 큰 그 경찰은 나에게 그 차로 오라고 요청했다.

7. 짖고 있는 그 개는 나의 개다.

8. 공항으로 가는 버스는 매일 운행한다.

9. 어제 네가 요리한 그 음식은 훌륭했다.

10. 나는 식당을 운영하는 나의 삼촌을 만났다.

11. 그녀는 5번가에 있는 그 가게를 좋아한다.

3단계

12. The doctor who is tall asked the nurse to help him.

EXERCISE ❼　　　P.41

1단계

1. The house (where I live) is very beautiful.
   내가 사는 그 집은 매우 아름답다.

2. The hotel (where we stayed) was clean.
   우리가 머물렀던 그 호텔은 깨끗했다.

3. The winter (when I met her) was really cold.
   내가 그녀를 만났던 그 겨울은 정말 추웠다.

4. The apartment (where my friend lives) is very old.
   내 친구가 사는 그 아파트는 매우 오래되었다.

2단계

5. 그가 학교에 도착한 시간은 10시였다.
6. 내가 태어난 그 장소는 더 이상 있지 않다.
7. 가장 큰 도시인 서울은 한국의 수도이다.
8. 내가 로스앤젤레스에 갔던 해는 2010년이다.
9. 약간의 눈이 있었던 그 도시는 더 이상 춥지 않다.
10. 나는 공책을 샀던 그 가게에 갈 것이다.
11. 오늘은 내가 작별 인사를 해야 하는 날이다.

3단계

12. The house where we lived ten years ago is not here any more.

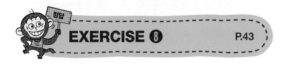

EXERCISE ❽　　　P.43

1단계

1. English grammar (she does) is difficult.
   그녀가 하는 영어 문법은 어렵다.

2. The woman (Peter liked) went to China.
   피터가 좋아하던 그 여자는 중국에 갔다.

3. The computer (my father bought last year) was broken.
   나의 아버지가 작년에 산 컴퓨터가 고장 났다.

4. The man (she likes) has three cars.
   그녀가 좋아하는 그 남자는 세 대의 차가 있다.

2단계

5. 제리가 그린 그 그림은 매우 좋다.
6. 우리가 저녁에 먹은 생선은 정말 대단했다.
7. 그가 갔던 나라는 매우 부유하다.
8. 조지가 지금 하고 있는 게임은 매우 흥미롭다.
9. 내가 떠나야 하는 날이 왔다.
10. 나는 제인이 아는 그 소녀에게 이야기했다.
11. 그 남자는 존이 좋아하는 나의 이웃이다.

3단계

12. My mother Mary met is pretty nice.

EXERCISE ❾　　　P.45

1단계

1. Cairo, (the capital of Egypt), has great storms.
   이집트의 수도인 카이로는 대단한 폭풍이 분다.

2. Kyeong Ju, (an old city in Korea), has many beautiful places.
   한국의 오래된 도시인 경주에는 아름다운 장소들이 많이 있다.

3. Dave, (my best friend), is taller than me.
   나의 최고의 친구인 데이브는 나보다 키가 크다.

4. Justin, (a Canadian pop idol), is a great singer.
   캐나다 팝 아이돌인 저스틴은 대단한 가수다.

2단계

5. 유명한 대학교인 스탠포드에는 대단한 학생들이 있다.
6. 뉴욕에 있는 호텔인 스탠포드는 그렇게 크지 않다.
7. 나의 사촌인 헌터는 글쓰기를 매우 잘한다.
8. 훌륭한 사냥꾼인 팀은 그 곰을 쫓아서 달렸다.
9. 그 멋진 소녀인 바이올렛은 나의 여자 친구였다.
10. 나는 독일의 도시인 프랑크푸르트로 갔다.
11. 나는 유명한 예술 학교인 프래트에 가고 싶다.

3단계

12. Rice, a university in Texas, is famous in America.

EXERCISE ❿   P.47

1단계

1. The fact (that we are twins) is clear.
   우리가 쌍둥이라는 사실은 명확하다.

2. The rumor (that he is rich) is well-known.
   그가 부자라는 소문은 잘 알려져 있다.

3. The idea (that she still lives in Seoul) is true.
   그녀가 여전히 서울에 살고 있다는 생각은 사실이다.

4. The news (that our team won the game) was exciting.
   우리 팀이 게임에서 이겼다는 뉴스는 신나는 것이었다.

2단계

5. 내가 아프다는 소문은 사실이 아니다.

6. 그 남자가 정직하다는 사실은 이상하다.

7. 그 학생들이 영어를 공부하도록 도왔다는 보고는 사실이다.

8. 그가 대학교에 갈 수 있는 기회가 사라졌다.

9. 나는 그녀가 날 좋아하지 않는다는 사실을 이해할 수 없다.

10. 나는 외계인이 지구에 왔다는 소문을 믿지 않는다.

3단계

11. The report that Mozart helped someone learn English is true.

3
1. The man (surprised by the news) didn't say a word.
   그 뉴스에 놀란 그 남자는 아무 말도 하지 않았다.

2. I like the pizza (served in this restaurant).
   나는 이 식당에서 제공되는 피자를 좋아한다.

3. The people (living in a big city) don't know the country life.
   큰 도시에 사는 사람들은 시골 생활은 알지 못한다.

4. The house (burning for three hours) is her house.
   세 시간 동안 불에 탄 그 집은 그녀의 집이다.

5. The weather (in Russia) are very cold.
   러시아의 날씨는 매우 춥다.

6. She is the doctor (who I met yesterday).
   그녀는 내가 어제 만났던 의사이다.

7. Tony, (a book company), has many workers.
   책 회사(출판사)인 토니에는 많은 직원들이 있다.

8. The man (my mother said) was my father.
   엄마가 말했던 그 남자는 나의 아버지였다.

9. I know the place (where the penguin stayed).
   나는 펭귄이 머무는 곳을 안다.

10. The rumor (that he became a spy three years ago) is true.
    그가 3년 전에 스파이가 되었다는 소문은 사실이다.

REVIEW ❶   P.48

1 from - of
is - are
Daegu - Seoul
the apple - the buildings

2 🔲 The animal
     ➷ at the zoo
     🔺 became
     🔲 weak.

- -

🔲 The watch
➷ made in Switzerland
🔺 is
🔲 excellent.

REVIEW ❷ NEAT   P.50

1 b

이 구문에서 he가 언급하는 것은 무엇인가요?

샘과 빌은 제임스와 메리의 쌍둥이 아들이었다. 아버지인 제임스는 샘이 요리를 잘했기 때문에 그를 좋아했다. 그는 가족을 위해 집에 (그 요리를) 가져오곤 했다. 그러나 메리는 빌을 가장 사랑했다. 왜냐하면 그는 조용하고 평화로운 소년이었기 때문이다. 메리는 그에게 그가 좋아하는 책을 주었다.

a. 샘
b. 빌
c. 제임스
d. 아빠

2 d

이 구문에서 She가 언급하는 것은 무엇인가요?

알렉스는 그의 친구들을 좋아하던 멋진 학생이었다. 그는 맨해튼에서 멀지 않은 퀸즈에 살았다. 줄리라고 불리는 한 소녀는 그를 좋아했다. 그녀가 사는 집은 건물에 있는 그림으로 매우 유명했다. 예쁜 카페인 바이올렛은 그녀가 가장 좋아하는 곳이었다. 그녀는 거기에서 그를 만나기를 원했다.

a. 집
b. 바이올렛
c. 알렉스
d. 줄리

3 b

이 구문에서 They가 언급하는 것은 무엇인가요?

그들은 지구상에서 가장 지적인 동물들이다. 그들은 사람들과 특별한 관계를 가지고 있다. 그들은 헤엄치는데 뛰어나며 그들의 부드러운 피부는 물과의 마찰을 줄여준다. 대서양과 태평양에 사는 이 생명체들은 몸에 점들이 있다. 깊은 물에서 발견되는 점이 있는 것들은 훈련시키기가 쉽지 않다. 잘 훈련된 이 동물들은 공공 수족관에서 그들의 점프 기술을 보여준다.

a. 고래들
b. 돌고래들
c. 문어들
d. 바다표범들

EXERCISE ⑪ P.55

1단계

1. Learning English is not easy.
   영어를 배우는 것은 쉽지 않다.

2. Playing guitar made me relaxed.
   기타를 치는 것은 내가 긴장을 풀게 만든다.

3. Studying English is a long journey.
   영어를 공부하는 것은 긴 여행이다.

4. Learning about other cultures is exciting.
   다른 문화를 배우는 것은 흥미롭다.

2단계

5. 모든 것을 잘 하는 것은 많은 면에서 결코 쉽지 않다.

6. 영어를 더 잘 아는 것 역시 우리를 도와 줄 수 있다.

7. 그의 집으로 가는 길을 찾는 것은 어려웠다.

8. 침대에서 책을 읽는 것은 눈에 좋지 않다.

9. 커피를 너무 많이 마시는 것은 우리를 건강하지 못하게 한다.

10. 그녀는 제임스가 쓴 책을 읽는 것을 좋아한다.

11. 그들은 그들의 미래를 위해서 영어를 배우는 것을 좋아했다.

3단계

12. Knowing English can help us in many ways.

EXERCISE ⑫ P.57

1단계

1. What I lost yesterday is my watch.
   내가 어제 잃은 것은 나의 시계이다.

2. When she goes to school is now.
   그녀가 학교에 가는 때는 지금이다.

3. Why he was late for school was late breakfast.
   그가 학교에 늦은 이유는 아침 식사가 늦어서이다.

4. Where he likes to go is Switzerland.
   그가 가고 싶어 하는 곳은 스위스다.

2단계

5. 내가 본 것은 나를 놀라게 했다.

6. 그가 떠날 때는 아직 알려져 있지 않다.

7. 그들이 지금 사는 곳은 비밀이다.

8. 그들이 그를 좋아하지 않는 이유는 명확하지 않다.

9. 누가 그 대답을 아는지가 매우 중요하다.

10. 우리가 알기 원하는 것은 누가 그 회의에 참석하느냐 하는 것이다.

11. 우리가 알기 원하는 것은 네가 언제 이 도시를 떠나느냐 하는 것이다.

3단계

12. Who did it is a question to me.

EXERCISE ⑬   P.59

1단계

1. One of us has the watch.
   우리 중 한 명은 그 시계를 가지고 있다.

2. One of the biggest cities in the world is New York.
   세계에서 가장 큰 도시들 중 하나는 뉴욕이다.

3. One of my best friends is Tom.
   나의 최고의 친구 중 하나는 톰이다.

4. One of my cats ran away from me.
   나의 고양이 중 하나는 나에게서 달아났다.

2단계

5. 그 소년들 중 하나가 비밀을 말했다.

6. 그의 위 앞니 중 하나가 빠졌다.

7. 그 남자들 중 하나가 우리 보트 가까이로 오기 시작했다.

8. 우리가 전에 만났던 남자들 중 하나는 매우 키가 크다.

9. 그 새는 그 귀 중의 하나 뒤에 자신을 숨겼다.

10. 나는 나의 어머니가 어제 산 케이크 중 하나를 보냈다.

11. 그 날은 3월 비오는 계절의 밤들 중 하나였다.

3단계

12. One of the young girls hid herself behind the curtains.

EXERCISE ⑭   P.61

1단계

1. No child runs at the museum.
   어떤 어린이도 박물관에서는 뛰지 않는다.

2. No car can go fast like a plane.
   어떤 차도 비행기처럼 빨리 갈 수 없다.

3. No friends can do this for you.
   어떤 친구도 너를 위해 이것을 할 수 없다.

4. No one will dance in the morning.
   어느 누구도 아침에는 춤추지 않을 것이다.

2단계

5. 어떠한 말로도 그것을 설명할 수 없다.

6. 어떠한 학생도 그와 같은 장소에 들어갈 수 없다.

7. 어느 누구도 그처럼 그 소식을 알지 못한다.

8. 어느 누구도 미국 국기를 가지고 있지 않다.

9. 세상의 어떤 사람도 그 질문에 대답할 수 없다.

10. 그 방에 있는 어떤 사람도 그 노래에 귀 기울여 듣지 않았다.

11. 어느 누구도 그 문제에 대해 심각하게 생각하지 않았다.

3단계

12. No child learned to speak like that.

EXERCISE ⑮   P.63

1단계

1. (You) Run right now.
   바로 지금 달려라.

2. (You) Wash your hands.
   너의 손을 씻어라.

3. (You) Be a good student.
   좋은 학생이 되어라.

4. (You) Study hard, and you can pass the exam.
   열심히 공부해라, 그러면 시험에 통과할 것이다.

2단계

5. 저녁 식사 전에 너의 숙제를 해라.

6. 운동해라 그러면 너는 건강해질 것이다.

7. 지금 출발해라, 그러면 너는 그 버스를 잡을 수 있을 것이다.

8. 그 버튼을 눌러라. 그러면 그 문은 열릴 것이다.

9. 어느 시간이든지 텔레비전을 켜라, 그러면 너는 그 뉴스를 볼 수 있을 것이다.

10. 그녀를 너의 부모님이라고 상상해봐라. 그러면 너는 그녀를 이해할 수 있을 것이다.

11. 웃어라, 그러면 모든 것이 좋아질 것이다.

3단계

12. Imagine her as your mother and you can understand her.

EXERCISE ⑯   P.65

1단계

1. Those who like Kimchi are Korean.
   김치를 좋아하는 사람들은 한국인이다.

2. Those who are in need live near me.
   도움이 필요한 사람들이 내 근처에 산다.

3. Those who go to the school are good students.
   그 학교에 다니는 사람들은 좋은 학생들이다.

4. Those who like books will succeed.
   책을 좋아하는 사람들은 성공할 것이다.

2단계

5. 도움이 필요한 사람들이 우리에게 왔다.

6. 한국에 사는 사람들은 매우 부지런하다.

7. 매우 빨리 책을 읽는 사람들은 또한 잘 이해할 수 있다.

8. 나는 나를 좋아하지 않는 사람들을 싫어한다.

9. 그것은 그 주제를 이해하는 사람들에게 속한다.

10. 이 작품은 그것을 잘 이해하는 사람들을 위한 것이다.

11. 그녀는 학교에 늦게 오는 사람들을 묘사한다.

3단계

12. Those who are in need are around the world.

EXERCISE ⑰   P.67

1단계

1. Both went to bed.
   둘은 침대로 갔다.

2. Both Pam and Sam went to school.
   팜과 샘은 학교에 갔다.

3. Both girls welcomed me.
   소녀 둘은 나를 환영했다.

4. I could both listen and watch.
   나는 듣고 볼 수 있었다.

2단계

5. 어머니와 아이는 둘 다 배고프다.

6. 자매들 둘 다 백합처럼 하얗다.

7. 둘은 다시 조용했다.

8. 둘 다 언젠가 부자가 되기를 바란다.

9. 그녀와 메리 둘 다 내가 그 클럽에 참가하는 것에 동의했다.

10. 그는 나에게 행복하게 두 손을 건네주었다.

11. 나는 영어와 중국어 둘 다 말할 수 있다.

3단계

12. Both Tom and Mary held their breath.

EXERCISE ⑱   P.69

1단계

1. It is good for you to exercise well.
   네가 운동을 잘하니 좋다.

2. It is difficult for him to swim across the lake.
   그가 수영으로 호수를 건너는 것은 어렵다.

3. It is strange for them to get angry.
   그들이 화를 내는 것은 이상하다.

4. It is bad for him to say so.
   그가 그렇게 말하는 것은 나쁘다.

2단계

5. 네가 그 돈을 쓰는 것은 좋다.

6. 그들이 그들의 숙제를 하는 것은 중요하다.

7. 아이들이 라이터를 가지고 노는 것은 위험하다.

8. 그가 그 기술을 배우는 것은 쉬웠다.

9. 그녀가 그 창문을 깨뜨린 것은 잘못이다.

10. 네가 오늘 밤 그 숙제를 끝마치는 것은 불가능하다.

11. 그가 그 주제를 이해하는 것은 어렵다.

3단계

12. It is good for you to send me the present.

1단계

1. It was **the watch** that he lost here.
   그가 여기에서 잃어버린 것은 시계였다.

2. It was **Susan** that I met at the airport.
   내가 공항에서 만난 사람은 수잔이었다.

3. It was **I** that climbed that mountain first.
   저 산을 처음으로 올랐던 사람은 나였다.

4. It was **on Friday** that she visited me.
   그녀가 나를 방문한 것은 금요일이었다.

2단계

5. 나의 방에서 침대를 정리한 것은 엄마였다.

6. 지난주에 그를 만났던 것은 버스에서였다.

7. 지난주에 버스에서 만났던 것은 그였다.

8. 내가 이야기하고 있는 사람은 너이다.

9. 톰이 그 가게에서 산 것은 쿠키였다.

10. 공원에서 어제 제임스를 만났던 사람은 나였다.

11. 내가 거기서 너를 만났던 것은 어제였다.

3단계

12. It was in my room that mom made the bed.

1단계

1. There was no answer.
   답이 없었다.

2. There are a lot of things you can do.
   네가 할 수 있는 것이 많다.

3. There was a slight noise behind her.
   그녀의 뒤에서 약간의 소음이 있었다.

4. There are wealthy gentlemen in England.
   영국에는 부유한 신사들이 있다.

2단계

5. 그에 대한 도움은 없었다.

6. 그 차에는 한 사람 더 탈 공간이 있었다.

7. 잠시 동안 긴 침묵이 있었다.

8. 길고 좁은 섬이 하나 있었다.

9. 더 이상 그들에게는 기쁨이 없었다.

10. 더 이상 인생에 밝은 면이 없었다.

11. 아무도 설명할 수 없는 신비가 있었다.

3단계

12. There is room for two people in the car.

1
-ing - ~것
Both - 둘 다 (두~)
Those who - ~하는 사람들
One of - ~ 중의 하나

2 🏛 No teachers
   🚙 can explain
   👤 it
   ↩ like him.

   🏛 (You)
   🚙 Wash
   👤 your hands
   ↩ before dinner.

3
1. Watching TV too much is harmful.
   텔레비전을 너무 많이 보는 것은 해롭다.

2. What I heard yesterday surprised me.
   내가 어제 들었던 것은 나를 놀라게 했다.

3. One (of my friends) went to America a year ago.
   나의 친구들 중에 하나는 1년 전에 미국에 갔다.

4. No one can reach the mountain forever.
   어느 누구도 영원히 그 산에 도달할 수 없다.

5. Help your mother wash the dishes.
   너의 어머니가 접시를 닦는 것을 도와라.

6. Those (who live in Japan) like to visit Korea.
   일본에 사는 사람들은 한국에 방문하는 것을 좋아한다.

7. Both my friend and I are tired.
   나의 친구와 나는 둘 다 피곤하다.

8. **It is difficult for him** to solve the problems.
   그가 그 문제들을 푸는 것은 어렵다.

9. **It** was my old friend that I met yesterday.
   내가 어제 만났던 사람은 나의 오랜 친구였다.

10. **There** is no water (in the well).
    그 우물에는 물이 없다.

중고 책 둘 다 좋습니다. 책들은 서울 초등학교에서 이번 주 일요일 아침에 모아질 것입니다. 그것들은 고아원으로 보내질 것입니다. 학교에서 스텝들을 돕는 것도 또한 환영합니다.

a. 가난한 사람들에게 책을 팔기 위해서
b. 가난한 아이들을 위해 책을 모으기 위해서
c. 초등학교 학생들에게 감사하기 위해서
d. 학교 파티에 사람들을 초대하기 위해서

REVIEW ④ NEAT   P.76

1 c

이 구문의 주요 목적은 무엇인가요?

안녕 사라. 잘 있었니?
나는 미국에서 영어를 열심히 공부하고 있어. 나는 영어 선생님이 되길 정말 바라. 선생님이 된다는 것은 정말 흥미로운 일이지. 너는 무엇이 되길 바라니?
너와 나는 둘 다 영어를 좋아하잖아. 맞지? 너의 미래 계획에 대해서 말해줄래? 너로부터 곧 소식을 듣기를 기대하고 있을게.
안부를 전하며 제임스가

a. 그의 친구를 초대하려고
b. 그의 계획을 말하려고
c. 그 친구의 미래 계획을 알려고
d. 그의 친구를 행복하게 하려고

2 d

이 구문의 주요 목적은 무엇인가요?

아이들을 위한 훌륭한 책을 찾는 것은 매우 어렵습니다. 우리의 웹사이트를 방문해 보지 않으시겠습니까? 이 웹사이트에는 3만권이 넘는 흥미로운 아이들 책이 있습니다. 당신이 원하는 것을 발견할 수 있습니다. 우리는 당신의 아이들에게 읽는 즐거움으로 인도할 것입니다. 지금 클릭하세요. 웹사이트 주소는 www.greatbooks.com입니다.

a. 아이들을 서점으로 인도하려고
b. 책 판매를 도우려고
c. 오래된 이야기책을 찾으려고
d. 부모들에게 책 웹 사이트를 말해 주려고

3 b

주어진 구문의 목적이 무엇인가요?

당신은 가난한 사람들을 돕는 것과 같은 좋은 것을 할 수 있는 기회를 가지고 있습니다. 우리는 가난한 아이들에게 책을 보내는 데 관심이 있는 사람들을 환영합니다. 새 책이나

EXERCISE ㉑   P.81

1단계

1. (To say it was true), she came here.
   그것은 진실이었다는 것을 말하려고 그녀는 여기에 왔다.

2. (To see the boat), I ran to the harbor.
   보트를 보기 위하여 나는 항구로 달렸다.

3. (To watch TV), I started earlier.
   TV를 보기 위하여 나는 더 일찍 출발했다.

4. (To avoid him), she ran to the house.
   그를 피하기 위하여 그녀는 집으로 달렸다.

2단계

5. 미국에 가기 위해서 그는 공항에 갔다.

6. 얼마의 음식을 사기 위해서 나는 (쇼핑) 몰에 갔다.

7. 그녀의 가족을 부양하기 위해서 그녀는 열심히 일했다.

8. 그의 학생들에게 영어를 가르치기 위해서 스미스는 학교에 간다.

9. 나는 대학에 들어가기 위해서 영어를 공부했다.

10. 나의 친구는 더 공부하기 위해서 해외에 가기로 결심했다.

11. 네가 좋은 점수를 받기 위해서 단어를 기억하는 것은 중요하다.

3단계

12. To get to the France, he traveled in a dirty ship.

EXERCISE ㉒　　　　　P.83

1단계

1. (To my surprise), he is my brother.
   놀랍게도 그는 내 동생이다.

2. (To everyone's delight), the war was over.
   기쁘게도 전쟁이 끝났다.

3. (To my delight), I passed the exam.
   기쁘게도 나는 시험에 통과했다.

4. (To my surprise), I found her gone.
   놀랍게도 나는 그녀가 가버린 것을 알았다.

2단계

5. 놀랍게도, 그녀는 그녀가 왜 거기에 있었는지 궁금해 했다.

6. 실망스럽게도, 그녀는 그녀의 할머니를 방문하지는 않을 것이다.

7. 대단히 놀랍게도, 그의 계획은 뛰어났다.

8. 놀랍게도, 메리는 시험에 통과하였다.

9. 놀랍게도, 그녀는 내가 불렀을 때 밖에 있었다.

10. 놀랍게도, 그녀는 수학을 위해 영어를 포기했다.

11. 놀랍게도, 도착한 첫 번째 사람은 휠체어를 탄 숙녀였다.

3단계

12. To my surprise, he wondered where he was from.

EXERCISE ㉓　　　　　P.85

1단계

1. (When we left Baker street), it was six thirty.
   우리가 베이커 거리를 떠났을 때 6시30분이었다.

2. (When I was six years old), I moved to America.
   내가 여섯 살이었을 때, 나는 미국으로 이사했다.

3. (When I went down there), I found him.
   내가 거기에 내려갔을 때 그를 발견했다.

4. (When he saw me first), I was a youngster of 12 or so.
   그가 나를 처음 보았을 때 나는 열두 살 정도의 청소년이었다.

2단계

5. 그녀가 살아있었을 때 나는 그녀를 많이 방문했다.

6. 그가 여기에서 일했을 때, 그는 늦곤 했다.

7. 네가 그녀를 찾았을 때, 너는 무엇을 했니?

8. 그가 어렸을 때 그는 정치가가 되기를 원했다.

9. 내가 여기서 출발했을 때 5시 20분이었다.

10. 그녀는 내가 그녀의 시계를 부서뜨렸을 때 매우 화를 냈다.

11. 나는 거기에 내려갔을 때 그가 그의 아들과 이야기하는 것을 알게 되었다.

3단계

12. When my father was alive, he used to succeed.

EXERCISE ㉔　　　　　P.87

1단계

1. I like coffee, (while Jane likes tea).
   내가 커피를 좋아하는 반면에 제인은 홍차를 좋아한다.

2. (While I was singing), he got out of the room.
   내가 노래를 부르고 있는 동안 그는 방을 나갔다.

3. I fell asleep (while I was reading).
   나는 책을 읽는 동안 잠들었다.

4. (While he has many weak points), he always works hard.
   그는 많은 약점을 가지고 있지만, 항상 열심히 일한다.

2단계

5. 벽은 녹색이고 반면에 천장은 흰색이다.

6. 그녀가 거리에서 걷고 있었을 때 그녀는 큰 소음을 들었다.

7. 나는 50페이지를 읽었고, 반면에 그는 단지 20페이지를 읽었다.

8. 잭은 말을 잘하고 반면에 톰은 글을 잘 쓴다.

9. 우리는 그들이 거리에 있는 동안 집에 갈 수 없다

10. 그녀는 내가 집으로 돌아오는 동안 텔레비전을 보고 있었다.

3단계

11. While I know that it is difficult, I don't think it is impossible.

EXERCISE ㉕   P.89

1단계

1. (Though it was raining), I walked to work.
   비가 오고 있었지만, 나는 직장에 걸어 갔다.

2. (Though she is weak), she has a strong will.
   그녀는 약하지만, 그녀는 의지가 강하다.

3. (Although she was short), she did well.
   그녀는 비록 작았지만 잘했다.

4. He is wise (though he is young).
   그는 젊지만 현명하다.

2단계

5. 내가 그에게 그것을 하지 말라고 말했지만 그는 했다.

6. 더웠지만 그녀는 두꺼운 스웨터를 입고 있었다.

7. 내가 울부짖었지만, 아무도 나의 말을 듣지 않았다.

8. 나는 아침에 일찍 일어났지만, 학교에 늦었다.

9. 그녀는 그것을 좋아하지 않았지만, 나는 그것을 많이 즐겼다.

10. 비가 내리고 있었지만 그녀는 밖에 나갔다.

3단계

11. Though I told her not to wait for me, Mary didn't listen.

EXERCISE ㉖   P.91

1단계

1. (As his brother), I want to help him.
   그의 형으로서, 나는 그를 돕기를 원한다.

2. (As a doctor), I do my best.
   의사로서, 나는 최선을 다한다.

3. (As a teacher), I am working this school.
   선생님으로서, 나는 이 학교에서 일하고 있다.

4. I respect him (as a doctor).
   나는 그를 의사로서 존경한다.

2단계

5. 결과적으로, 학생들은 그 수업에 거의 참가하지 않을 것이다.

6. 아버지로서, 나는 내 아들을 위해 일해야 한다.

7. 그녀가 이것을 하고 있을 때 그들은 그녀에게 인사말을 했다.

8. 너도 알듯이, 메리는 미국에 갈 것이다.

9. 그들은 모두 천사처럼 옷을 입었다.

10. 일본이 비싸기 때문에 나는 한국에 갈 것이다.

11. 내가 여기저기 방황하고 있을 때 사진가 나타났다.

3단계

12. As a result, few people went to the school.

EXERCISE ㉗   P.93

1단계

1. (If you had a problem), I would help you.
   네가 문제가 있다면, 나는 너를 도울 텐데.

2. (If he helped me), I could finish my homework.
   그가 나를 돕는다면, 나는 내 숙제를 마칠 수 있을 텐데.

3. (If she were my mother), I would follow her.
   그녀가 나의 어머니라면, 나는 그녀를 따를 텐데.

4. (If I were rich), I could buy the jacket.
   내가 부자라면, 나는 그 재킷을 살 수 있을 텐데.

2단계

5. 만일 네가 그것을 이해한다면, 나는 다시 설명하지 않을 텐데.

6. 만일 네가 돈을 보내기 원한다면, 나는 너에게 감사할 텐데.

7. 내가 너라면, 나는 이 옷을 바꾸지 않을 텐데.

8. 그녀가 충분한 돈이 있다면, 그녀는 그 차를 살 텐데.

9. 만일 내가 영어를 안다면, 내가 읽을 수 있을 텐데.

10. 제인이 일본어를 말할 줄 안다면, 제인은 일본으로 이사할 텐데.

11. 내가 너라면, 홀로 가지는 않을 텐데.

3단계

12. If I wanted a "six pack", I would exercise regularly.

1단계

1. (Wherever you want to go), I will allow it.
네가 어디로 가기를 원하든지, 나는 허락할 것이다.

2. (Whatever he may say), it is true.
그가 무엇을 말하든지, 그것은 진실이다.

3. (Whichever you decide), I'll support you.
네가 어느 것을 결정하든지, 나는 너를 지지할 것이다.

4. (Whenever you come), I am glad to see you.
네가 언제 오든지, 나는 널 보는 게 좋다.

2단계

5. 그가 무엇을 하든지, 그는 성공했다.

6. 네가 어느 것을 결정하든지, 나는 너를 도울 것이다.

7. 그녀가 누구와 말하든지, 그녀는 매우 친절했다.

8. 그가 무엇으로 고통을 겪든지, 그는 그것을 이겨낼 수 있다.

9. 네가 무엇을 말하든지, 너는 그녀의 마음을 바꿀 수 없다.

10. 네가 어느 책을 가장 좋아하든지, 너에게 사주겠다.

11. 나는 네가 필요한 것이 무엇이든지 간에 너에게 줄 것이다.

3단계

12. Wherever he went, he didn't make it on time.

1단계

1. (Making a lot of money), he was not happy.
많은 돈을 벌었지만, 그는 행복하지 않았다.

2. (Talking with her), I watched her closely.
그녀와 말하는 동안, 나는 그녀를 가까이서 보았다.

3. (Reading a book), he heard a strange voice.
책을 읽는 동안, 그는 이상한 소리를 들었다.

4. (Having no time), I had to run,
시간이 없었기 때문에, 나는 달려야 했다.

2단계

5. 바쁘기 때문에 우리는 시간이 없었다.

6. 목이 마르기 때문에 나는 콜라를 마셨다.

7. 텔레비전을 보는 동안 그들은 많은 팝콘을 먹었다.

8. 시골에 살기 때문에 나는 매우 건강하다.

9. 정말로 배가 고팠기 때문에 우리는 얼마의 음식을 사기 위해서 슈퍼마켓에 갔다.

10. 그 상점에 도착했을 때 나는 그 가게가 문을 닫았다는 것을 알았다.

11. 나는 지난 밤 잘 잤기 때문에 매우 기분이 좋다.

3단계

12. Being busy, I did not have time.

1단계

1. (Asked what my name was), I answered.
내 이름이 무엇이냐고 질문 받았을 때, 나는 대답했다.

2. (Left to herself), she began to cry.
그녀 홀로 남겨졌기 때문에, 그녀는 울기 시작했다.

3. (Given the gift), he was very satisfied.
선물을 받았을 때, 그는 매우 만족했다.

4. (Trained carefully), the dog will become a good friend.
주의 깊게 훈련 받았기 때문에, 그 개는 좋은 친구가 될 것이다.

2단계

5. 그녀가 그것을 어떻게 끝마쳤는지 질문 받을 때, 그녀는 아무 말도 하지 않았다.

6. 스페인에 태어났기 때문에, 그는 대부분의 인생을 유럽에서 살았다.

7. 그 파티에 초대받았기 때문에, 그들은 파티에 갔다.

8. 다리에 부상을 입었기 때문에, 그는 걸을 수가 없었다.

9. 홀로 남겨졌기 때문에, 그녀는 라디오를 듣기 시작했다.

10. 그 책은 독일어로 쓰여졌기 때문에, 이해하기 쉽지 않았다.

3단계

11. Asked what his hobby was, Tom didn't say a word.

1 To my surprise, - 놀랍게도
As a result, - 결과로서
To get the France, - 프랑스에 가기 위해서
Being busy, - 바쁘기 때문에

2 🦶 Though I am a weak girl,
👤 I
🔺 can help
👥 you.

🦶 While she was talking with him,
👤 I
🔺 was watching
👥 TV.

3 1. (To say something), I met her
yesterday.
어떤 것을 말하기 위해서 나는 그녀를 어제 만났다.

2. (To my surprise), I saw my old friend in
the street.
내게 놀랍게도, 나는 거리에서 나의 오랜 친구를 만났다.

3. (When she was in America), I was in
Canada.
그녀가 미국에 있었을 때 나는 캐나다에 있었다.

4. She likes meat, (while he likes
vegetable).
그녀는 고기를 좋아한다. 반면에 그는 채소를 좋아한다.

5. (Though he was young), he made
much money.
그는 어리지만, 많은 돈을 벌었다.

6. (As your father), I will help you forever.
너의 아버지로서 ,나는 너를 영원히 도울 것이다.

7. (If you helped me), I could finish my
work.
네가 나를 도와준다면, 나는 나의 숙제를 끝마칠 수 있을 텐데.

8. (Whatever you want), I will buy it for
you.
네가 무엇을 원하든지, 나는 너를 위해 그것을 사줄 것이다.

9. (Living in the big city), I am very happy.
큰 도시에 살기 때문에, 나는 매우 행복하다.

10. (Born in Brazil), she lived most of her
life in South America.
브라질에 태어났기 때문에, 그녀는 대부분의 인생을 남미에서
살았다.

1 c

이 구문에 가장 적합한 그림 순서는 무엇인가요?

샘과 톰은 쌍둥이이다. 샘은 공놀이를 좋아한다. 반면에 톰
은 책을 좋아한다. 샘이 이 방에 들어갔을 때 그의 아버지는
그에게 공을 주었다. 톰은 그의 형제(샘)에게서 이것을 들었
을 때 화를 내었다. 그러나 그에게 놀랍게도, 그의 아버지는
톰이 가장 좋아하는 책을 가지고 톰을 기다리고 있었다.

2 c

이 구문에 가장 적합한 그림 순서는 무엇인가요?

스크램블 계란을 만들어 보자. 스크램블 계란을 만들기 위
해서 첫 번째로 계란과 우유를 함께 거품을 낸다. 다음 프라
이팬을 불에 가열한다. 그러고 나서 계란 혼합을 프라이팬
에 붓는다. 그런 후에 그 계란을 휘 젓는다. 마지막 단계로
서 먹을 시간이 되었다.

3 d

이 구문에 가장 적합한 그림 순서는 무엇인가요?

나는 아침에 일어나서 침대에 앉았다. 나는 침대를 정리했
다. 내게 놀랍게도, 아무도 집에 없었다. 나는 방에서 나와
부엌으로 걸어 들어갔다. 나는 배가 고팠다 그래서 음식을
좀 먹었다. 그러고 나서 나는 텔레비전에서 쇼를 보았고 장
난감을 가지고 놀았다. 아버지가 집에 돌아오셨을 때 나는
텔레비전 보는 것과 노는 것을 멈춰야 했다. 휴일일 때마다,
나는 여전히 숙제가 있다.

1단계

1. He cried (to see her go).
그는 그녀가 가는 것을 보고서 울었다.

2. She smiled (to get the pen).
그녀는 펜을 얻고서 미소 지었다.

3. The boy laughed (to see his dog).
그 소년은 그의 개를 보고서 웃었다.

4. I was happy (to see my friends).
나는 내 친구를 보고서 행복했다.

2단계

5. 나는 그 상품을 사고서 미소 지었다.
6. 그는 그 책을 읽고서 행복하지 않았다.
7. 그녀는 그녀의 웃긴 목소리를 듣고서 웃었다.
8. 그는 거기에 가지 않아서 슬펐다.
9. 그녀는 그 뉴스를 듣고서 화가 났다.
10. 그 키 큰 남자는 그 행복한 소식을 듣고서 뛰었다.
11. 그들은 사라진 딸을 찾고서 소리를 질렀다.

3단계

12. I laughed to see the goods.

EXERCISE 32 P.109

1단계

1. I heard the voice (surprising my friend).
   나는 내 친구를 놀라게 한 그 목소리를 들었다.
2. I went to my friend (sleeping in his room).
   나는 그의 방에서 자고 있는 내 친구에게 갔다.
3. I went to my teacher (living near here).
   나는 근처에 살고 계시는 나의 선생님에게 갔다.
4. She likes the man (talking on the phone).
   그녀는 전화 통화하고 있는 그 남자를 좋아한다.

2단계

5. 그는 많은 사람들을 놀라게 한 그 사진을 보았다.
6. 나는 미국에 살고 있는 나의 이모(고모)에게 전화했다.
7. 나는 그 예쁜 펜을 파는 가게를 안다.
8. 두 시간 동안 불타고 있는 집은 나의 집이다.
9. 그의 방에서 공부하고 있는 소년은 나의 사촌이다.
10. 나는 역에서 자고 있는 몇몇 사람들을 발견했다.
11. 그 소녀는 문 앞에 서 있는 엄마에게 달려갔다.

3단계

12. I heard the news surprising people.

EXERCISE 33 P.111

1단계

1. I liked the man (liked by everybody).
   나는 모든 사람에게 사랑받는 그 남자를 좋아했다.
2. I saw the boys (excited at the game).
   나는 게임에 흥분된 그 소년을 보았다.
3. He liked the cars (made in the company).
   그는 그 회사에서 만들어진 그 차를 좋아했다.
4. I received a letter (written in English).
   나는 영어로 쓰인 편지를 받았다.

2단계

5. 나는 모든 요리사에게 사랑받는 그 음식을 사랑했다.
6. 나는 이 레스토랑에서 제공되는 피자를 좋아하지 않았다.
7. 우리는 제임스에 의해 쓰인 그 뛰어난 책을 알았다.
8. 나의 어머니는 그 빵집에서 만들어진 빵을 좋아했다.
9. 샘이라고 불리는 그 남자는 나의 책을 사랑했다.
10. 나의 엄마는 파티에 초대된 그 친구들을 사랑했다.
11. 그는 책들에 둘러싸인 그의 책상에 앉았다.

3단계

12. I loved the book loved by the cooks.

EXERCISE 34 P.113

1단계

1. He is telling his friends (studying English).
   그는 영어를 공부하고 있는 그의 친구들에게 말하고 있다.
2. I am thinking about the woman (playing violin).
   나는 바이올린을 연주하고 있는 그 여자에 관해 생각하고 있다.
3. He is helping children (living there).
   그는 거기에 살고 있는 아이들을 돕고 있다.
4. I am calling the girl (studying in her room).
   나는 그녀의 방에서 공부하고 있는 그 소녀를 부르고 있다.

2단계

5. 나는 피아노를 치고 있는 공주를 연기하고 있다.
6. 나는 접시를 닦고 있는 엄마에게 말을 하고 있었다.
7. 나는 영어를 가르치는 그 남자에 대해 생각하고 있었다.
8. 슈는 그녀를 놀라게 한 그 영화를 보고 있었다.
9. 그는 그 가난한 나라에 살고 있는 사람들은 돕고 있었다.
10. 나는 바깥에서 놀고 있는 소년들에게 말하고 있었다.
11. 나의 엄마는 그녀에게 미소 짓고 있는 그 아이에게 키스하고 있었다.

3단계

12. I was playing Romeo playing chess.

EXERCISE ㉟ P.115

1단계

1. I was sent to a brother (named John).
   나는 존이란 이름의 형에게로 보내졌다.
2. The dog was watched (by a person trained well).
   그 개는 잘 훈련된 사람에게 목격되었다.
3. The gift was sent to a boy (called Mark).
   그 선물은 마크라고 불리는 소년에게 보내졌다.
4. The girl was given the book (written by James).
   그 소녀는 제임스에 의해 쓰인 그 책을 받았다.

2단계

5. 상은 잘 차려 입은 그 소녀에게 주어졌다.
6. 그 남자는 그에게 가르침 받은 학생들에게 유명하다.
7. 나는 천재라고 불리는 그 남자에 의해 역사를 가르침 받았다.
8. 그 책은 남미에서 사용되는 스페인어로 쓰였다.
9. 그녀는 노벨이라고 이름 붙여진 상을 받았다.
10. 그는 한국에서 만들어진 연필을 사용하라는 말을 들었다.

3단계

11. A dog was given to the woman dressed well.

EXERCISE ㊱ P.117

1단계

1. I have done my homework.
   나는 나의 숙제를 끝마쳤다.
2. I have met the man (shown on TV).
   나는 텔레비전에 나온 그 남자를 만났다.
3. She have met the boy (called Mark before).
   그녀는 전에 마크라 불리는 그 소년을 만났다.
4. He has lived the house (known by everyone).
   그는 누구에게나 알려진 그 집에서 살았다.

2단계

5. 그녀는 제임스에 의해 쓰인 그 책을 가지고 있었다.
6. 나는 일본에서 만들어진 그 펜을 가지고 있었다.
7. 나는 한때 캐나다에 위치해 있는 밴쿠버에 살았었다.
8. 나는 나의 선생님에 의해 주어진 나의 숙제를 끝마쳤다.
9. 나는 셰익스피어에 의해 쓰인 햄릿을 이제 막 읽었다.
10. 제임스는 많은 사람들에 의해 기대되는 그 책을 막 끝마쳤다.

3단계

11. I have had a doll made by mom.

EXERCISE ㊲ P.119

1단계

1. He may fix the car.
   그는 그 차를 수리했는지 모른다.
2. She may leave this room now.
   그녀는 이 방을 지금 떠날지 모른다.
3. Mary may start to learn French soon.
   메리는 프랑스어를 배우기 위하여 곧 출발할지 모른다.
4. (If you want), you may go.
   네가 원한다면, 너는 가도 좋다.

2단계

5. 그녀는 농구를 잘 못하는지 모른다.

6. 그 남자는 그 기술에 능숙할지도 모른다.

7. 그 학생들은 역사에 흥미가 있을지 모른다.

8. 너는 바로 지금 여기를 떠나도 좋다.

9. 네가 만일 피곤하다면, 너는 집에 가도 좋다.

10. 그는 다른 나라로부터 오는 누군가를 만날지 모른다.

11. 너는 그것의 값을 지불한다면 그 펜을 가져도 된다.

3단계

12. He may be poor at the skill.

EXERCISE ㊳　P.121

1단계

1. He must be honest.
   그는 정직함에 틀림없다.

2. Every student must learn English.
   모든 학생은 영어를 배워야 한다.

3. You must be hungry (to say so).
   너는 그렇게 말하는 것을 보니 배고픔에 틀림없다.

4. He must be a fire fighter.
   그는 소방관임에 틀림없다.

2단계

5. 네가 그렇게 말하는 것을 보니 피곤함에 틀림없다.

6. 그는 그 소식을 듣고서 매우 행복함에 틀림없다.

7. 우리는 전 세계에 있는 가난한 사람들을 도와야 한다.

8. 너는 바로 지금 의사를 만나봐야 한다.

9. 너는 그의 도움에 대해 감사해야 한다.

10. 우리는 사기 전에 생각하는 것을 배워야 한다.

11. 그는 그의 숙제 때문에 바쁜 것에 틀림없다.

3단계

12. She must be a liar to say so.

EXERCISE ㊴　P.123

1단계

1. She handed the letter (to me).
   그녀는 나에게 그 편지를 건넸다.

2. The red apples tastes delicious.
   그 빨간 사과들은 매우 맛있다.

3. The rain stopped (for a moment).
   비는 잠시 동안 멈췄다.

4. He didn't even know my name (at the time).
   그는 그 당시에 내 이름조차 몰랐다.

2단계

5. 그는 나에게 쪽지를 건넸다.

6. 내게 소금 좀 건네주세요.

7. 너의 오른손을 들어라

8. 나는 내가 아는 꽃들의 이름을 말했다.

9. 나는 내일 비가 올 것이라고 생각하지 않는다.

10. 나는 중국에서 온 그 매운 음식을 맛보기 원한다.

11. 이 어두운 구름은 해로운 화학물질로, 비가 되어 내린다.

3단계

12. You have to hand the book to him.

EXERCISE ㊵　P.125

1단계

1. I know (that he is rich).
   나는 그가 부자인 것을 안다.

2. I know (he is not a liar).
   나는 그가 거짓말쟁이가 아니란 것을 안다.

3. I think (that you are wrong).
   나는 네가 옳지 않다고 생각한다.

4. Tom discovered (he was very ill).
   톰은 그가 매우 아프다는 것을 발견했다.

2단계

5. 우리는 네가 매우 많이 웃지 않는다는 것을 알았다.

6. 나는 그가 90세까지 살 것이라고 확신한다.

7. 나는 대부분의 사람들이 친절한 마음을 가지고 있다고 믿는다.

8. 나는 네가 멋진 시간을 보내기를 바란다.

9. 나는 영어를 배우는 것이 중요하다고 생각한다.

10. 나는 당신이 최고의 과학자들 중의 한 명이라고 들었다.

11. 우리는 종종 예술은 이해하고 어렵다고 느낀다.

3단계

12. I found Sam always laughs much.

8. He must be an English teacher (to say so).
그가 그렇게 말하는 것을 보니 영어 선생님임에 틀림없다.

9. He had to hand his homework to his teacher.
그는 그의 선생님께 그의 숙제를 제출해야 했다.

10. I think learning Chinese is very hard.
나는 중국어를 배우는 것이 매우 어렵다고 생각한다.

REVIEW ❼   P.126

1 must - may
is playing - was studying
was given - is known
have had - have lived

2 He
must be
a liar
to say so.
- -
I
visited
my friend
living in Canada.

3 1. I smiled (to get the watch).
나는 그 시계를 사고서 미소 지었다.

2. She came to my brother (studying in his room).
그녀는 자신의 방에서 공부하고 있는 나의 오빠에게 왔다.

3. The man got the letter (written in Spanish).
그 남자는 스페인어로 쓰인 편지를 받았다.

4. He was thinking (about the girl) (singing in the hall).
그는 홀에서 노래하고 있는 소녀에 대하여 생각하고 있었다.

5. They are taught English (by the teacher) (named James).
그들은 제임스라는 이름을 가진 선생님으로부터 영어를 가르침 받는다.

6. I have met the singer (shown on TV).
나는 텔레비전에 나온 그 가수를 만났다.

7. You may go to play the games.
너는 게임을 하러 가도 좋다.

REVIEW ❽ NEAT   P.128

1 b

다음 중 빈칸에 가장 적합한 단어는 어느 것인가?
나의 할아버지는 68세에 영어를 배우기 시작했다. 그는 항상 그의 선생님에게 그의 숙제를 제출하셨다. 상이 할아버지에게 주어졌다. 많은 사람들은 그가 대단하다고 생각한다.

a. 잘생긴
b. 대단한
c. 불행한
d. 슬픈

2 b

다음 중 빈칸에 가장 적합한 단어는 어느 것인가?
나는 나이테는 가운데에서부터 시작된다고 들어왔다. 나는 나이테에 대해 보여주는 웹사이트를 찾았다. 한 개의 원이 매년 만들어진다. 우리는 그 원이 어떻게 생겼는지를 보면 그 나무의 삶을 알게 된다. 좁은 나이테는 건조했던 해에 대해 말해준다. 넓은 나이테는 습기가 많았던 해에 대해 말해준다.

a. 강한
b. 젖은
c. 마른
d. 약한

3 d

다음 중 빈칸에 가장 적합한 단어는 어느 것인가?
청바지의 기원에 대해 알고 있나요? 청바지는 모든 사람들에게 매우 멋진 옷임에 틀림없다. 그러나 오래 전에는 청바지가 보통 사람들이 입는 것이 아니었다. 리바이 스트라우스라는 한 똑똑한 사람은 1870년대에 처음 광부들을 위해 그의 캔버스 천으로 바지를 만들었다. 광부들은 그 바지가 (질겨서) 오래가기 때문에 좋아했다. 청바지인 그 바지는 젊은 이를 위해 만들어진 것이 아니었고 광부들을 위해 만들어진 것이었다.

a. 늙은이
b. 보통 사람들
c. 리바이 스타우스
d. 광부들

EXERCISE ④ P.133

1단계

1. Let her have the pen.
   그녀가 그 펜을 가지고 있게 해줘.

2. (Please) let him go.
   제발 그가 가게 해줘.

3. Let me have your name.
   내가 너의 이름을 갖게 해줘. (네 이름이 뭐니?)

4. She had no money (yesterday).
   그녀는 어제 돈이 없었다.

2단계

5. 내가 잠시 동안 네 책을 가지고 있게 해줘. (잠시만 가지고 있을게.)

6. 나의 학교에는 단지 500명의 학생이 있다.

7. 그는 너의 이메일 주소를 가지고 있었다.

8. 나는 너한테 전할 메시지가 있어.

9. 네가 어제 산 시계를 가지고 있게 해줘.

10. 그 딸기는 달콤한 향기가 난다.

11. 내 아기가 내일까지 너의 장난감을 가지고 놀게 해줘.

3단계

12. Let me have your bag.

EXERCISE ④ P.135

1단계

1. Get (on the bus).
   버스에 타라.

2. He got the prize (from his teacher).
   그는 그의 선생님에서 상을 받았다.

3. My sister got a puppy (from her friend).
   나의 언니는 그녀의 친구로부터 강아지를 얻었다.

4. I got much chocolate (from girls).
   나는 소녀들로부터 많은 초콜릿을 받았다.

2단계

5. 그녀는 그녀의 친구로부터 감기를 얻었다. (감기를 옮았다.)

6. 나의 엄마는 어제 화가 났다.

7. 결국, 너의 방은 깨끗해졌다.

8. 그는 2시간 전에 버스에 탔다.

9. 그 소년은 갑자기 그 수업에서 빠져나왔다.

10. 너의 어머니는 왜 학교에 오셨니?

11. 나는 몇 가지 아이디어를 얻으러 예술 박물관에 갔다.

3단계

12. I got my cold from him.

EXERCISE ④ P.137

1단계

1. We took a picture (together).
   우리는 함께 사진을 찍었다.

2. He took us (by his car).
   그는 그의 차로 우리를 데려다 주었다.

3. She will take you (to your room).
   그녀는 너를 너의 방까지 데려다 줄 것이다.

4. It takes 30 minutes (to get home).
   집에 오는 데 30분 걸린다.

2단계

5. 공항에 오는 데 단지 한 시간 걸렸다.

6. 그는 우리의 교실에 우리를 데려다 주었다.

7. 그 남자는 우리 사진을 찍어 주었다.

8. 그 폭풍우는 100명의 생명을 빼앗았다.

9. 거기에 도착하는 데 얼마나 오래 걸리니?

10. 12에서 5를 빼면 7이 남는다.

11. 과학자들은 그 강에서 물 샘플을 가져가고 있다.

3단계

12. It takes three hours to get there.

1단계

1. He went (to the room).
   그는 그 방으로 갔다.

2. The milk went bad.
   우유가 상했다.

3. She doesn't go (to church).
   그녀는 교회에 다니지 않는다.

4. My homework is going (well).
   내 숙제는 잘 되고 있다.

2단계

5. 요즈음에 아무것도 잘 되지 않는다.
6. 그는 눈이 멀어가고 있었다.
7. 나의 형은 잠자러 갔다.
8. 슬프게도, 나의 아버지는 대머리가 되어간다.
9. 내가 3일 전에 산 피자는 상해 버렸다.
10. 나의 개는 나와 어느 곳이나 간다.
11. 그 커튼은 꼭대기에서 바닥에까지 이른다.

3단계

12. Everything goes smoothly.

1단계

1. He came (from Spain).
   그는 스페인에서 왔다.

2. The spring is coming.
   봄이 오고 있다.

3. The cap comes (in blue).
   그 모자는 파란 색상으로 나온다.

4. She comes (to school) (by subway).
   그녀는 지하철로 학교에 간다.

2단계

5. 그 양말은 빨강과 핑크 색상으로 나온다.
6. 마침내 도움의 손길이 왔다.
7. 너의 저녁은 곧 나온다.
8. 점심 가격이 5달러 나왔다.

9. 새로운 재킷은 싸게 나오지 않는다.
10. 그 마지막 보고는 5시간 후에 나왔다.
11. 내가 그 방에 들어갔을 때 좋은 아이디어가 떠올랐다.

3단계

12. The shirts come in black and white.

1단계

1. They make books.
   그들은 책을 만든다.

2. The man makes $3,000 a month.
   그 남자는 매달 3000달러를 번다.

3. She always makes us laugh.
   그녀는 항상 우리를 웃게 만든다.

4. The smoke made me cough.
   그 연기는 내가 기침하게 만들었다.

2단계

5. 그는 가수로서 결코 성공하지 못했다.
6. 그 어린 소년은 성공하기 위해 최선을 다했다.
7. 이 옷들은 내가 더 날씬하게 보이게 만든다.
8. 그 소식은 그녀를 매우 슬프게 만들었다.
9. 그녀는 텔레비전에서 크게 성공하기를 희망하고 있다.
10. 만일 우리가 서두른다면 우리는 성공적으로 도착할 것이다.
11. 그 소녀는 항상 같은 실수를 한다.

3단계

12. He will make it big.

1단계

1. He broke the window.
   그는 그 유리창을 깼다.

2. We had a coffee break.
   우리는 커피 시간을 가졌다.

3. The day broke (while I studied English).
내가 영어를 공부하고 있는 동안 날이 밝았다.

4. You **must not** break the law.
너는 그 법을 어기지 말아야 한다.

2단계

5. 내가 잠들었을 때 동이 트고 있었다. (날이 밝았다.)
6. 나는 100달러 지폐를 소액으로 바꾸고 싶다.
7. 우리는 수업 후 쉬는 시간을 가졌다.
8. 한국전쟁은 1950년에 발생했다.
9. 그 창문은 깨져서 산산 조각이 났다.
10. 그녀는 속도 제한을 어기고 있었다.
11. 나는 내 친구와 모든 관계를 끊었다.

3단계

12. The day was breaking when I got home.

EXERCISE ④⑧   P.147

1단계

1. I will bring her home.
나는 그녀를 집에 데려다 줄 것이다.

2. She **brought** a gift for him.
그녀는 그에게 선물을 가져왔다.

3. The woman **brought** something to drink.
그 여자는 마실 어떤 것을 가져왔다.

4. What **brought** her home?
무엇이 그녀를 집에 데려왔니? (그녀는 집에 왜 왔니?)

2단계

5. 무엇이 너를 여기에 데려왔니? (왜 왔니?)
6. 너의 개를 나에게 데려다 줄 수 있니?
7. 나는 내 엄마를 학교에 모시고 갔다.
8. 그 소식은 그녀의 눈에 눈물을 가져왔다. (눈물을 흘리게 했다.)
9. 그 벨은 회의의 끝을 가져왔다. (끝나게 했다.)
10. 그의 숙제는 그에게 대단히 좋은 점수를 가져왔다. (그의 숙제 때문에 대단히 좋은 점수를 받았다.)
11. 게으름은 실패와 실망을 가져온다.

3단계

12. What brings you here?

EXERCISE ④⑨   P.149

1단계

1. He worked (at the company).
그는 그 회사에서 일했다.

2. My plan worked (soon).
나의 계획은 곧 이루어졌다. (효과가 있었다.)

3. The car **doesn't** work (right now).
그 차는 지금 막 작동되지 않는다.

4. She is **working here** (as a doctor).
그녀는 여기에서 의사로서 일하고 있다.

2단계

5. 그 배는 모터로 작동한다.
6. 그 기계는 더운 날씨에서 잘 작동한다.
7. 이 알약은 너에게 잘 듣는다. (효과가 있다.)
8. 그 의사가 준 약은 잘 들었다. (효과가 있다.)
9. 그 남자는 유명한 회사에서 일하고 있다.
10. 그의 미소는 나에게 소용없다. (효과가 없다.)
11. 너는 그 전화기가 다시 작동할 것이라고 생각하니?

3단계

12. It works by wind power.

EXERCISE ⑤⓪   P.151

1단계

1. I **turned** the key.
나는 그 열쇠를 돌렸다.

2. Hot weather **turned** the cream cake.
더운 날씨는 그 크림 케이크를 상하게 했다.

3. The weather **has turned** hot.
날씨가 더워졌다.

4. The earth **turns** (around the sun).
지구는 태양 주위를 돈다.

2단계

5. 부엌에서 나는 열은 치즈를 상하게 했다.
6. 그 팽이는 빠르게 돌고 있다.
7. 그 잎이 빨갛게 변하고 있다.
8. 내 친구는 고개를 돌렸다.

9. 그는 운전하는 동안에는 다른 사람으로 변한다.
10. 자동차의 바퀴가 돌기 시작했다.
11. 그 남자는 유명한 시인이 된 선생님이다.

3단계

12. The heat turns milk.

REVIEW ❾   P.152

1   take time - 시간이 걸리다
make it - 성공하다
work - 작동되다
turn - 바뀌다

2   I
  like
  to have
  your name.

- -

  The civil war
  broke
  in the end.

3   1. Let me have your umbrella (for 30 minutes).
30분 동안 너의 우산을 가지고 있게 해줘. (빌려줘.)

2. I got the prize (from the contest).
나는 그 콘테스트에서 상을 받았다.

3. She took me (to the library).
그녀는 나를 도서관에 데려다 주었다.

4. The bread went bad.
그 빵은 상했다.

5. The dinner came (to $10).
저녁식사비가 10달러가 나왔다.

6. He made her unhappy.
그는 그녀를 불행하게 만들었다.

7. The day was breaking (when I arrived there).
내가 거기에 도착했을 때 동이 텄다.

8. Her work brought her a award.
그녀의 작품(작업)은 그녀에게 상을 가져다주었다. (작품으로 상을 받았다.)

9. The computer worked well (at that time).
그 당시에는 컴퓨터가 잘 작동되었다.

10. Hot weather turned the milk.
더운 날씨는 우유를 상하게 했다..

REVIEW ❿ NEAT   P.154

1   d

가장 적합한 제목은 무엇인가?

사람의 아기는 태어나자마자 바로 걸을 수 없다. 똑바로 걷는 데는 많은 시간이 걸린다. 그러나 동물들은 매우 빨리 걸을 수 있다. 아기 기린이 걷는데는 단지 20분이 걸린다. 그들은 사자처럼 강한 동물들로부터 자신을 지켜야 한다. 그래서 그들은 빨리 걷는 것이 필요하다.

a. 인간의 걷기
b. 위험한 동물
c. 기린의 삶
d. 동물이 빨리 걷게 되는 이유

2   a

가장 적합한 제목은 무엇인가?

나의 아버지는 영화를 좋아하지 않는다. 그는 항상 주말에 소파에서 낮잠을 주무신다. 어느 날 나는 아버지에게 영화관에 데려가라고 끊임없이 요청했다. 놀랍게도 효과가 있었다. 결국 아버지는 어제 나를 거기에 데려갔다. 성공한 것이다.

a. 어떻게 요청이 효과가 있었는지
b. 주말 생활
c. 나의 아버지는 영화를 좋아하지 않는다.
d. 영화관

3   b

가장 적합한 제목은 무엇인가?

날씨가 일 년 내내 좋지는 않다. 가혹한 날씨가 종종 우리에게 찾아온다. 어떤 날씨가 가장 무서운가? 나를 무섭게 하는 나쁜 날씨의 한 종류는 폭풍우이다. 정말로 끔찍하고 해롭다. 그것은 많은 것을 빼앗아 가는데 심지어 우리의 생명까지도 가져간다. 또한 나는 가혹하게 더운 날씨도 싫어한다. 먼저 음식이 안전하지 않다. 더위는 우유처럼 내가 좋아하는 음식을 변질시킨다.

a. 끔찍한 폭풍우
b. 내가 싫어하는 날씨
c. 내가 더운 날씨를 싫어하는 이유들
d. 가혹한 날씨

EXERCISE 51
P.159

1단계

1. I like most fruit.
   나는 대부분의 과일을 좋아한다.

2. Mary ate the most food.
   메리는 가장 많은 음식을 먹었다.

3. I like almost all (of them).
   나는 그들 거의 모두를 좋아한다.

4. She is the most beautiful girl.
   그녀는 가장 아름다운 소녀이다.

2단계

5. 대부분의 학생들은 그들이 가장 많은 숙제가 있다고
   생각한다.

6. 아침 식사가 거의 준비됐다.

7. 대부분의 음악은 나에게 행복한 에너지를 준다.

8. 대부분의 여자아이들은 그 영화가 거의 무서울 정도라고
   느낀다.

9. 저것은 내가 봤던 것 중에서 가장 지루한 영화이다.

10. 나는 그 첫 번째 문제에 가장 많은 시간을 사용했다.

11. 그녀는 마침내 가장 많은 투표를 얻었다.

3단계

12. Most people think he has the most
    money.

EXERCISE 52
P.161

1단계

1. A few people know that.
   몇 사람은 그것을 안다.

2. I need a little milk.
   나는 약간의 우유가 필요하다.

3. She need little help.
   그녀는 도움이 거의 필요하지 않다.

4. Luckily he has few problems.
   다행스럽게 그는 문제를 거의 갖고 있지 않다.

2단계

5. 그녀는 친구가 거의 없다.

6. 그녀는 친구가 조금 있다.

7. 나는 돈이 거의 없다.

8. 나는 돈이 조금 있다.

9. 그녀는 다른 것을 할 시간이 거의 없다.

10. 슬프게도 그들은 약간의 문제가 있다.

11. 우리는 그 버스가 떠나기 전 약간의 시간이 있다.

3단계

12. Few friends came to me.

EXERCISE 53
P.163

1단계

1. She will not live (through the night).
   그녀는 그 밤을 버틸 수 없을 것이다.

2. She's very thorough (about her job).
   그녀는 그녀의 일에서 매우 철저하다.

3. The restaurant needs a thorough check.
   그 식당은 철저한 점검이 필요하다.

4. The burglar got in (through the window).
   그 강도는 창을 통하여 안으로 들어왔다.

2단계

5. 그는 영어에 대해 철저한 지식을 가지고 있다.

6. 한강은 서울을 통과하며 흐른다.

7. 그녀는 졸렸지만, 열심히 공부해야 했다.

8. 우리는 철저한 의료 정밀검사가 필요하다.

9. 그는 운전해서 빨간 불을 통과하여 지나갔다.

10. 그는 행복해 보이지만, 많은 문제들이 있다.

11. 그는 모든 것에 항상 철저하다.

3단계

12. He has a thorough knowledge through
    study.

P.165

1단계

1. He stayed with me (for three hours).
   그는 나와 함께 세 시간 동안 머물렀다.

2. It is (within walking distance).
   걸을 수 있는 거리 안에 있다.

3. He found the place (without any help).
   그는 그곳을 어떤 도움 없이 찾았다.

4. He left (without saying goodbye).
   그는 인사도 없이 떠났다.

2단계

5. 나는 너의 도움이 없어도 한 시간 내에 거기에 갈 수 있다.
6. 그녀는 나와 몇 미터 이내에 있었다.
7. 나는 1주일 내에 빨강 머리 소녀를 만날 것이다.
8. 우산 없이는 밖에 나가지 마라.
9. 너는 2일 안에 나에게 돌려주어야 한다.
10. 나는 너에게 물어보는 것 없이 3일 안에 그것을 할 수 있다.
11. 그녀는 어머니 없이(어머니와 같이 가지 않고) 후드 달린 재킷을 사러 갔다.

3단계

12. I can go with him within an hour without you.

P.167

1단계

1. He ran (into the house).
   그는 그 집 안으로 달려 들어갔다.

2. I have a house (in the city).
   나는 그 도시에 집이 있다.

3. We stayed (inside the building).
   우리는 그 건물 안에서 머물렀다.

4. I like her inner beauty.
   나는 그녀의 내적 아름다움을 좋아한다.

2단계

5. 그는 그 트랙에서 안쪽에 있는 원을 돌며 달렸다.
6. 나는 그 식당에서 5시간 후에 그녀를 만날 것이다.
7. 그 아름다운 귀걸이는 상자 안쪽에 있었다.
8. 그녀는 이 문장을 영어로 번역했다.
9. 나는 세 시간 안에 숙제를 끝마칠 것이다.
10. 나는 빌을 좋은 학생으로 만들 것이다.
11. 그녀는 그 사탕을 세 조각으로 부쉈다.

3단계

12. He drove into the inner London in England.

P.169

1단계

1. She called out.
   그녀는 소리를 질렀다.

2. He was out (of the room).
   그는 그 방에서 나왔다.

3. She heard a voice (in the outer room).
   그녀는 외부의 방에서 소리를 들었다.

4. He climbed out (of the water).
   그는 물 밖으로 빠져나와 올라갔다.

2단계

5. 그는 건물 밖으로 나갔다.
6. 나는 언젠가 우주에 가고 싶다.
7. 그것은 진흙으로 도자기를 만드는 예술이다.
8. 그는 운전해서 미국에서 나와 캐나다로 들어갔다.
9. 오늘 저녁에 외출하자.
10. 그 소녀는 도로 쪽으로 달려 나갔다.
11. 나는 건물 밖 주위를 돌며 걸었다.

3단계

12. She ran out of the outside toilet.

EXERCISE ⑤⑦　P.171

1단계

1. She wanted **another candy.**
   그녀는 또 다른 사탕을 원했다.

2. One is **white, and** the other is **black.**
   하나는 하얗고 나머지는 검다.

3. You **have to** be **kind (to others).**
   너는 다른 사람들에게 친절해야 한다.

4. The dog was **not different (from the other dogs).**
   그 개는 나머지 개들과 다르지 않았다.

2단계

5. 그는 다른 사람들보다 빨리 달렸다.
6. 쌍둥이 중 하나는 못생겼고, 나머지는 예쁘다.
7. 하나는 빨갛고 다른 하나는 노랗고 나머지들은 파랗다.
8. 우리는 다른 사람들보다 더 낫다.
9. 피자 한 조각 더 먹어도 되나요?
10. 하나는 호랑이고, 다른 것들은 사자와 치타이다.

3단계

11. When he left, the others did too.

EXERCISE ⑤⑧　P.173

1단계

1. I have been **(to America lately).**
   나는 최근에 미국에 가본 적이 있다.

2. He came **home (late).**
   그는 집에 늦게 왔다.

3. She **will** go **(to Canada later).**
   그녀는 나중에 캐나다로 갈 것이다.

4. **(Of the two)** the latter is **better.**
   둘 중 후자가 더 좋다.

2단계

5. 나는 최근에 그녀를 보았다.
6. 나는 최근에 너에 대해서 소식을 들었다.
7. 너는 왜 이렇게 늦니?
8. 그녀는 학교에 늦게 도착했다.
9. 그녀는 2년 후에 그를 만났다.
10. 그의 인생의 말년에 그는 혼자 살았다.
11. 둘 중에서 전자가 후자보다 더 낫다.

3단계

12. I have been late for school lately.

EXERCISE ⑤⑨　P.175

1단계

1. She laid **the baby (down).**
   그녀는 아기를 눕혔다.

2. They are **lying (on the sand).**
   그들은 모래 위에 알을 낳고 있다.

3. She wanted **to lay the cup (there).**
   그녀는 거기에 컵을 놓기를 원했다.

4. The woman is **laying a book (on the bench).**
   그 여자는 벤치에 책을 놓고 있다.

2단계

5. 그 새는 조용히 알을 낳고 있었다.
6. 그는 침대에 아이를 눕혔다.
7. 나는 너에게 거짓말 하고 싶지 않아.
8. 암탉은 매일 황금알을 낳았다.
9. 메리는 등을 대고 누워있다.
10. 오른쪽으로 누워주세요.
11. 나는 머리가 아파서 누울 필요가 있다.

3단계

12. The hens are not laying well.

EXERCISE 60 P.177

1단계

1. The sun rises (in the east).
   태양은 동쪽에서 떠오른다.
2. They wanted to raise their prices.
   그들은 가격을 올리기를 원했다.
3. Many car accidents arose (these days).
   많은 차 사고들이 요즘 일어났다.
4. Raise your arms (over your shoulders).
   너의 팔을 어깨 위로 올려라.

2단계

5. 그녀는 일어나 그녀의 가방을 싸기 시작했다.
6. 모든 장미는 가시를 가지고 있다.
7. 연기가 굴뚝에서 올라오고 있었다.
8. 나쁜 결과가 이것으로부터 발생할지 모른다.
9. 그는 인사로 손을 들었다.
10. 태양은 지평선 위로 떠올랐다.
11. 그녀는 매우 부지런한 학생이 됨으로써 그녀의 점수를 올렸다.

3단계

12. Her face rose to his mind.

REVIEW 11 P.178

1 thorough - 철저한
   lately - 최근에
   raise - ~을 들다
   few - 거의 없다

2   He
   is
   the most healthy boy
   in his class.

   ⎯⎯⎯⎯⎯⎯⎯⎯⎯⎯⎯⎯⎯⎯⎯⎯⎯⎯

   I
   ran
   into inner Vancouver in Canada.

3 1. Most students are good (in the class).
      이 반에는 대부분의 학생들이 좋다.
   2. Few people know the news.
      학생들은 거의 그 소식을 모른다.
   3. I learned the knowledge (through study).
      나는 공부를 통해 그 지식에 대해 배웠다.
   4. I can not go there (without you).
      나는 너 없이는 거기에 갈 수 없어.
   5. She broke the bar (into three pieces).
      그녀는 그 막대기를 부숴서 세 조각으로 만들었다.
   6. His dream is to go (to outer space).
      그의 꿈은 우주에 가는 것이다.
   7. One is my brother, and the other is my sister.
      하나는 나의 형이고, 나머지는 나의 누나이다.
   8. I have seen a tiger (at the zoo lately).
      나는 최근에 동물원에서 호랑이를 봤다.
   9. The hen laid very pretty eggs.
      그 암탉은 매우 예쁜 알들을 낳았다.
   10. Raise your hand, (please).
       손을 들어 보세요.

REVIEW 12 NEAT P.180

1 c

다음 표의 내용과 맞지 않는 것은?

품목	크기	가격
공책	작은 것	1.90달러
공책	큰 것	2.50달러
지우개	작은 것	1.50달러
지우개	큰 것	1.95달러

a. 큰 공책이 가장 비싸다.
b. 작은 지우개가 가장 싸다.
c. 모든 항목이 2달러 이하이다.
d. 큰 지우개는 2달러 이하이다.

2 d

다음 안내의 내용과 맞는 것은?

KD 센터로 오세요.

◆ 영어를 배우고 싶나요? 우리는 초등학생부터
성인에 이르기까지 학급을 제공합니다.

오전 10시 ~ 정오 12시 : 성인반
오후 3시 ~ 오후 10시 : 학생반

❖ 모든 학습은 매월 첫날 시작됩니다.

KD 학원은 모든 연령대의 사람들을 위한
것입니다. 우리는 월요일부터 금요일까지
아침 10시부터 밤 10시까지 문을 엽니다.

---

a. 그들은 세 가지 언어 프로그램을 제공한다.
b. 성인 프로그램은 없다.
c. 아침 10시에 문 닫는다.
d. 수업은 매월 첫날에 시작한다.

3 d

다음 차트와 맞는 내용은 무엇인가?

이 차트는 100명의 학생들에게 무엇이 가장 되고
싶은지를 물어본 조사의 결과를 보여준다.

당신이 가장 되고 싶은 것은 무엇인가요?

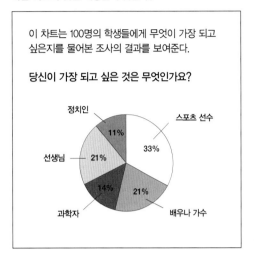

a. 몇몇의 학생들은 스포츠 선수가 되고 싶어한다.
b. 학생들은 선생님이 가장 되고 싶어한다.
c. 과학자는 가장 인기 있는 직업이다.
d. 배우와 가수의 비율은 25% 이하이다.

동사 변화표 | 동사의 원형 – 과거동사(P) – 과거분사(P.P.)

동사의 변화 형태는 크게 '규칙'과 '불규칙'으로 나뉘죠. 규칙은 동사 뒤에 –(e)d를 붙여서 과거동사(p)와 과거분사(p.p.)를 만들어요. 불규칙은 형태가 바뀌기 때문에 암기해야 되고요.

그런데 과거분사가 뭐냐고요? 원래는 동사인데 형태가 바뀌어서 형용사 역할을 하는 것을 말하는데요. 수동태(be+p.p.)나 완료형(have/has+p.p.)에서처럼 동사(be, have/has) 뒤에 자주 쓰여요.

아래에는 불규칙하게 변하는 동사를 형태별로 정리해 두었습니다. 반드시 암기하도록 하세요.

■ A – A – A형

put - put - put

cut - cut - cut

set - set - set

read - read - read

※주의: read[riːd] – read[red] – read[red]는 발음이 달라요.

■ A – B – A형

come - came - come

become - became - become

run - ran - run

■ A – B – B형

find - found - found

bring - brought - brought

have - had - had

hear - heard - heard

make - made - made

leave - left - left

teach - taught - taught

buy - bought - bought

catch - caught - caught

say - said - said

meet - met - met

sell - sold - sold

send - sent - sent

tell - told - told

■ A – B – C형

begin - began - begun

drive - drove - driven

go - went - gone

give - gave - given

do - did - done

rise - rose - risen

choose - chose - chosen

steal - stole - stolen

write - wrote - written

know - knew - known

bear - bore - born

arise - arose - arisen

"강남 대표 영어강사의 영어 육아법"
엄마, 영어강사 되다!

영어 육아법 미리보기!

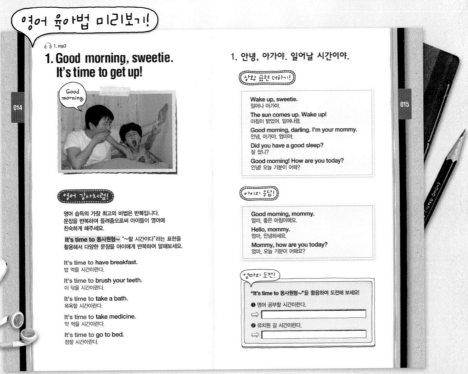

도서명 | 엄마, 영어강사 되다!　　**저자** | 이윤우　　**판형** | 115*180 (4도)　　**페이지** | 232쪽　　**가격** | 10,800원

MP3 음성파일 제공

100개의 핵심 표현!

사진으로 이미지화한 핵심 표현만을 익혀도, 100문장의 영어 표현을 말할 수 있습니다!

영어강사의 영어 육아법 대공개!

핵심 표현에 대한 쉬운 설명을 통해, 저자의 영어학습 노하우를 엿볼 수 있습니다!

상황별 표현 500개!

핵심 표현 100개만으로는 좀 아쉽다고요? 상황별 표현 500개도 도전해보세요!

아이 표현 300개!

영어강사가 전수한 아이의 표현을 가르치면서 아이와 자유롭게 교감해 보세요!

엄마의 도전 200개!

대한민국 입시교육을 경험한 엄마라면, 이 정도 영어? 어렵지 않아요~! 도전해보세요!